colección

Derechos y Realidad

Teoría y praxis de los Derechos Humanos en un contexto digital / Álvaro Rosales Fernández
(coord.). -- [León] : Servicio de Publicaciones, Universidad de León, [2025].
207 p. ; 24 cm. – (Derechos y realidad ; n. 4)
Bibliogr. en cada capítulo.
ISBN 979-13-87583-35-4

    1. Derechos humanos 2. Derechos humanos (Derecho internacional). 3. Tecnología
    de la información. I. Rosales Fernández, Álvaro. II. Universidad de León. Servicio
    de Publicaciones. III. Asociación de Jóvenes Investigadoras e Investigadores en
    Derechos Humanos (AJIHD). Congreso. (3º. 2025. Léon (España))

342.7
341.231.14
004

De acuerdo con el protocolo aprobado por el Consejo de Publicaciones de la Universidad de León, esta obra ha sido sometida al correspondiente informe por pares ciegos con resultado favorable.

Colección Derechos y Realidad. N.4

Diseño y maquetación digitales de interior y cubierta:
    David Aller Llamera (Servicio de Publicaciones de la Universidad de León)

ISBN: 979-13-87583-35-4
Depósito legal: DL LE 547-2025

Imprime: Lozano Impresores
Impreso en España - *Printed in Spain*
León, 2025

 Esta editorial es miembro de UNE, lo que garantiza la difusión y comercialización de sus publicaciones a nivel nacional e internacional.

Teoría y praxis de los Derechos Humanos en un contexto digital

Álvaro Rosales Fernández (Coord.)

CONSEJO CIENTÍFICO

DERECHOS Y REALIDAD

DIRECCIÓN DE LA COLECCIÓN

ESTHER SEIJAS VILLADANGOS
Catedrática de Derecho Constitucional

CONSEJO CIENTÍFICO

MARÍA EMILIA CASAS BAAMONDE.
Catedrática Derecho del Trabajo

FRANCISCO SOSA WAGNER.
Catedrático de Derecho Administrativo

ANDRÉS DOMÍNGUEZ LUELMO.
Catedrático de Derecho Civil.

MARTA ORDÁS ALONSO
Catedrática de Derecho Civil. Directora
del Departamento de Derecho Privado.

MARÍA TERESA MATA SIERRA.
Catedrática de Derecho Financiero y Tributario.
Directora del Departamento de Derecho Público.

LUIS FERNANDO PRIETO SANCHÍS.
Catedrático de Filosofía del Derecho.

ROSARIO TUR AUSINA.
Catedrática de Derecho Constitucional

SALVADOR TARODO SORIA.
Decano de la Facultad de Derecho.
Profesor titular de Derecho Eclesiástico.

INÉS OLAIZOLA NOGALES.
Catedrática de Derecho Penal.

JUAN DAMIÁN MORENO.
Catedrático de Derecho Procesal.

ÍNDICE

ÍNDICE

PRESENTACIÓN

PRESENTACIÓN

Álvaro Rosales Fernández
Investigador predoctoral en formación
Área de Derecho Constitucional de la Universidad de León (ULE)

El libro que tiene ante usted tiene su génesis en el III Congreso de la Asociación de Jóvenes Investigadoras e Investigadores en Derechos Humanos (AJIHD) organizado junto a la Universidad de León los días 9 y 10 de julio de 2025 en la ciudad de León. El título de esta edición, "Teoría y praxis de los Derechos Humanos", aunaría dos realidades reconciliables, que esta colección lleva por título: Derechos y realidad.

De otro modo, a lo largo de las dos jornadas, se desarrollaron hasta once mesas repartidas en ponencias y comunicaciones, alcanzando un número de participantes nada desdeñable, que a su vez expuso y debatió con rigor acerca de distintas problemáticas de actualidad. La acogida institucional fue calurosa, y permitió a los asistentes repartir las sesiones entre distintos espacios históricos de la Universidad y la ciudad de León (Sala Gordón Ordás del Albéitar, Salón de Actos de la Fundación Sierra-Pambley y Salón de Grados de la Facultad de Derecho), incluyendo una recepción oficial por parte del alcalde de León, José Antonio Díez, en el Salón de Plenos municipal.

De las diversas temáticas expuestas, hubo una cuestión que impactaba de manera transversal: el reto de las nuevas tecnologías en los Derechos Humanos. Este fue el motivo por el cual el presente número engloba a nueve ponentes con temáticas diversas en torno a un eje común y que le da su título "Teoría y praxis de los Derechos Humanos en un contexto digital".

En cada una de las siguientes aportaciones se ha logrado construir un edificio sustentado por el equilibrio que aportan las bases teóricas con las manifestaciones prácticas del Derecho. La existencia de distintos enfoques metodológicos y la multidisciplinariedad son verdadera riqueza que encuentra coherencia en la reflexión honesta del impacto que producen las tecnologías disruptivas a distintos conflictos con repercusiones en los Derechos Fundamentales —desde un prisma de Derecho Constitucional interno— así como desde la esfera de los Derechos Humanos —poniendo el foco desde la perspectiva del Derecho Internacional—.

Le corresponde el reto de dar comienzo a esta obra al expresidente y fundador de la Asociación de Jóvenes Investigadoras e Investigadores en Derechos Humanos (AJIHD), que durante las jornadas del Congreso dio paso a través de una Asamblea a una nueva junta directiva. **Miguel de Asís Pulido** es doctor en Derecho y becario FPI posdoctoral en el Departamento de Filosofía del Derecho de la UNED y dentro de sus líneas de investigación se encuentra la búsqueda de un equilibrio entre la Teoría del Derecho con la Inteligencia Artificial. Esta es precisamente la cuestión central de su capítulo titulado "Elementos discursivos de la verdad y la justicia: ¿Large Language Models como Hermes de silicio?" donde tratará de dar respuesta a los interrogantes que ha planteado la inteligencia artificial alrededor de la verdad y la justicia.

Continuando por orden de aparición en la obra, encontramos a **Francisco Pérez Fernández**, investigador predoctoral en la Universidad de Oviedo, en el área de Filosofía del Derecho quien tiene como línea de investigación principal al filósofo Thomas Hobbes. En su contribución titulada "Tecnología y autodefensa intelectual: Desafíos del pensamiento crítico en las democracias mediáticas" aborda el desarrollo de las nuevas tecnologías a la hora de conformar en los audiovisuales nuestro universo simbólico e ideológico. Desde este punto de partida, es capaz de plantear las potenciales problemáticas que representan para las democracias, al ser capaces de convertir a los ciudadanos en espectadores pasivos vulnerables a la manipulación.

Completa el bloque filosófico **Cristián Pérez García**, también investigador predoctoral del área de Filosofía del Derecho de la Universidad dc Oviedo, quien centra su investigación en el derecho natural y la lógica jurídica. Su reflexión, como verdaderamente podrá comprobarse a través del capítulo "El derecho al suicidio y el suicidio del derecho", invita a debatir la posibilidad ontológica del derecho a la eutanasia consagrado en la Ley Orgánica 3/2021, de 24 de marzo, de regulación de la eutanasia, sin perder el punto de vista de las nuevas tecnologías biomédicas que han abierto una brecha entre la vida biológica y la vida biográfica de algunas personas.

Como si de un hilo conductor se tratara, cogerá el testigo **Laura Centeno Casado**, investigadora predoctoral contratada por el CSIC en el grupo de investigación de ética aplicada del Instituto de Filosofía, para desarrollar un proyecto sobre la implementación del Reglamento del Espacio Europeo de Datos de Salud y sus desafíos éticos y jurídicos en el uso secundario de datos sanitarios en el contexto de la investigación biomédica de enfermedades raras. A su vez forma parte del Programa de Bioderecho: bioética y derechos humanos, perteneciente a la Facultad de Derecho de la Universidad de Murcia. Precisamente, fruto de dicha experiencia investigadora surge su reflexión práctica a través del capítulo "La configuración de los derechos fundamentales en la era digital: ejemplos de aplicación en la salud digital", donde trata de establecer una relación entre la evolución de los derechos fundamentales y su compatibilidad y equilibro con el derecho europeo en materia digital.

La aportación penalista a la obra la aporta **Francisco Fernández Perales**, Investigador predoctoral del área de Derecho penal en la Universidad Pompeu Fabra, centrando su quehacer alrededor de la desobediencia civil en la teoría de las causas de exclusión de la antijuridicidad y del injusto penal. La propuesta titulada "Sobre la posibilidad de un derecho a la desobediencia civil, a propósito de la denominada *desobediencia civil digital*", centra la discusión acerca de la punibilidad de las acciones de desobediencia civil que ha extendido su objeto a las acciones políticamente motivadas realizadas a través de internet, de modo que nos plantea cuáles de tales acciones pueden considerarse verdaderamente acciones de desobediencia civil.

María de los Ángeles Bellido Lora, desempeña su labor como Investigadora Predoctoral FPI en el Área de Derecho Internacional Público y Relaciones Internacionales de la Universidad de Cádiz, donde realiza su Tesis Doctoral centrada en las operaciones de búsqueda y salvamento marítimo en contextos de inmigración irregular en el Estrecho de Gibraltar. La problemática que nos plantea en su capítulo "Tecnologías aplicadas al salvamento marítimo en España: Herramientas para proteger la vida humana en contextos migratorios" resulta un escenario idóneo donde la teoría y realidad colisionan, siendo especialmente patente el papel de las nuevas tecnologías a la hora de valorar las distintas fases de una operación de salvamento, desde la vigilancia fronteriza y la detección de embarcaciones hasta la coordinación y la ejecución del rescate.

Rocío María Azar aúna en su *curriculum* una vertiente práctica como escribiente en la Secretaria Contencioso Administrativa del Tribunal Superior de Justicia de la Provincia de Córdoba. Asimismo, su vertiente investigadora la aporta como Adscripta en la cátedra de Derecho Administrativo y Derecho Procesal Administrativo (Facultad de Derecho, Universidad Nacional de Córdoba, Argentina e investigadora predoctoral en la Universidad de Murcia, formando parte del Programa de Bioderecho: Bioética, Salud y Derechos Humanos). En su capítulo "¿Justicia digital para todos? Brecha tecnológica y acceso desigual de los pueblos indígenas al sistema judicial en Córdoba, Argentina" nos sitúa directamente ante la brecha digital que afecta a todos los sectores en condición de vulnerabilidad (adultos mayores, comunidades originarias, personas con discapacidad, entre otros). Por ello, nos invita a repensar el fin último procesal de garantizar una tutela efectiva de sus derechos, tanto en el acceso a la justicia como durante el desarrollo del proceso judicial.

Rafael Díaz Moya es Profesor Ayudante Doctor en la Facultad de Derecho de la UNED (área de Trabajo Social y Servicios Sociales), donde ejerce también como Vicedecano de Estudiantes y Digitalización. Su tesis titulada "Formación conceptual y evolución histórica de los seguros de maternidad y accidente laboral perspectiva comparada con El Ecuador" deja patente su compromiso con los derechos laborales. Situación especialmente evidente en su capítulo "El impacto de la STS 544/2024 en la acción protectora de la Seguridad Social: riesgos de exclusión social mediante tecnologías asistivas e inteligencia artificial". El presente trabajo ofrece un análisis crítico de este giro jurisprudencial, evaluando su constitucionalidad, compatibilidad con el derecho europeo y los riesgos de exclusión que supone un uso acrítico de las tecnologías como la IA. A partir de fuentes científicas y jurisprudenciales verificadas, se propone una reinterpretación pro-persona del art. 198.2 LGSS y una reforma legislativa que garantice el derecho al trabajo, la inclusión y la dignidad de las personas con discapacidad.

Culmina la nómina de autores, **Pablo Sáez de Hurtado,** doctorando en Derecho Internacional Privado y Filosofía del Derecho en la Facultad de Derecho de la Universidad de Valladolid, quien gracias a su desempeño en el ámbito privado ofrece como colofón una auténtica síntesis acerca de la tesis última y común de este libro. El título de su contribución es lo suficientemente cautivador como para plantearle al lector las incógnitas que tratará de resolver con soltura ante todo un reto de actualidad: «El Reglamento de IA de la UE: Una salvaguarda ético-normativa de los Derechos Humanos frente a la banalidad del mal y la singularidad tecnológica.

En definitiva, la obra supone un broche a las actividades desarrolladas en torno al III Congreso AJIDH —soy optimista en augurar más congresos en el futuro—. Si bien, mis últimas palabras son de agradecimiento a los miembros del equipo organizador, en especial a Alejandro y Marta, como parte del comité local de la Universidad de León. Sin su apoyo y buen hacer no hubiera sido posible llegar a esta publicación.

León, octubre de 2025

CAPÍTULO PRIMERO.

ELEMENTOS DISCURSIVOS DE LA VERDAD Y LA JUSTICIA: ¿LARGE LANGUAGE MODELS COMO HERMES DE SILICIO

ELEMENTOS DISCURSIVOS DE LA VERDAD Y LA JUSTICIA: ¿LARGE LANGUAGE MODELS COMO HERMES DE SILICIO?[1]

Miguel de Asís Pulido
Becario FPI Posdoctoral
Departamento de Filosofía Jurídica de la UNED

Sumario: 1. Introducción. 2. Ontologías, Large Language Models y cuatro concepciones sobre el papel del lenguaje en la verdad. 3. Dialéctica de la verdad: de geometría del mundo a devenir de lo absoluto. 3. Los tres tiempos y el giro hacia el lenguaje. 4. La postura hermenéutica corregida: la verdad de las reducciones. 5. La justicia en el Derecho y los límites de la inteligencia artificial. Bibliografía.

1. INTRODUCCIÓN

Desde su origen, la inteligencia artificial (IA) ha planteado interrogantes profundos en las cuestiones de la verdad y la justicia. ¿Es posible definir la *verdad*, siempre velada y escondida tras la realidad concreta, a través de los lenguajes lógicos-matemáticos de la máquina? ¿Es la justicia, fin al que siempre aspira el Derecho, expresable a través de silogismos o de correlaciones que vinculan elementos atómicos (fijos o variables) a un resultado particular? Si la verdad y la justicia precisan de cierto movimiento interpretativo en el ser humano, de forma que los procesos mentales que le llevan al puerto de lo *correcto* exceden muchas veces del carácter —meramente— *cuantitativo* de las fórmulas lógico-matemáticas, ¿es la máquina capaz de acceder a

---

1   Trabajo realizado en el marco del proyecto I+D+I "Inteligencia artificial jurídica y Estado de Derecho" [PID2022 - 139773OB-I00], financiado por MICIU/AEI/10.13039/501100011033 y por FEDER, UE; y del proyecto PID2023-146621OB-C21, «Desafíos teóricos, éticos y normativos de la inteligencia artificial. Oportunidades y límites de su regulación» (DENORIA), financiado por la Agencia Estatal de Investigación y el Ministerio de Ciencia e Innovación.

este plano, que, por cierto, no es otro que el de interpretar el *lenguaje* del ser bajo el prisma de un sentido?

Reconduciendo todos estos interrogantes al ámbito de la *existencia*, el vivir se le plantea al humano como un *problema que debe resolver.* Como *actor* en el propio campo de su ser (Zubiri, 1987: 199, 283), *siendo* en cuanto que *existe* (Heidegger, 2025: 33), es en este *existir* del ser humano donde la cuestión de la verdad y la justicia adquieren su único sentido, pues ambas son preguntas por el *ser* planteadas desde un ente que, a su vez, *está siendo.* La verdad y la justicia, así como la belleza, invocan siempre una pretensión de *corrección* de un juicio del ser respecto al ser. Hace años que el ser humano, viéndose incapaz de aprehender la verdad y la justicia como la corrección de una representación subjetiva respecto a *objetos externos*, debió volver la mirada a la forma a través de la cual se manifiesta en su existir en el tiempo aquella representación (pensamiento). El giro acaecido en el pasado siglo cambió el foco desde el que se investigaban la verdad y la justicia. Se desplazó entonces este foco desde el sujeto fundante, pero no para volver al mero objeto en sí, sino para asentarlo en algo que no le pertenecía ni a uno ni a otro: el *lenguaje.* Con el lenguaje se hace explícita, como mínimo, la totalidad de sentido desde la que habitamos en el mundo, nos posicionamos en él como sujetos y nos relacionamos con los otros, de manera que nos sabemos como *intérpretes de sentido en el mundo que habitamos.*

Nuestro análisis no ignorará este *acontecimiento*, sino que habrá de ponerlo en primera línea, pues de lo que se trata en este trabajo no es otra cosa que reflexionar sobre el potencial papel de la IA (sobre todo de los modelos de lenguaje y sus derivados, como los *agentes virtuales*) en el proceso de *resolución de problemas* en que consiste el vivir humano, mediado siempre por las pretensiones de verdad y justicia. Y ya sea por el lado de la IA o por el de la verdad y la justicia, el lenguaje siempre vendrá a reivindicar su papel protagonista.

Cabe advertir de que en este trabajo se va a reflexionar sobre la IA desde un punto digamos *impropio* dentro del ámbito jurídico, pues nos desentendemos aquí de cuestiones regulativas o de los principios ético-jurídicos de esta tecnología, objetos de investigación favoritos de los juristas dentro del campo tecnológico. ¿Existe algo más de lo que un jurista pueda hablar? Esperemos que sí, pues, de hecho, una gran parte del trabajo se dedicará a la cuestión filosófica de la verdad, que creemos que, si bien a veces relegada a su periferia, es un problema vertebral del Derecho. Así, aunque sea desde los márgenes de la filosofía del derecho, el análisis del potencial de la IA en lo referente a una respuesta *verdadera* o *justa* tiene cabida como parte del estudio jurídico del *decision making* (en inglés), toma de decisiones (en español), entendido ahora como reflexión general sobre el grado de automatización de la respuesta a diversos problemas humanos. La inclusión de planteamientos particulares en cada ciencia sobre estas reflexiones reviste una importancia cada vez más radical. Solo hace falta pensar en las nuevas herramientas de IA generativa, que plantean la automatización de procesos sociales concernientes a campos tan dispares como la sanidad, la justicia, la ciencia, la educación, la ingeniería, la arquitectura, el cuidado, la actividad económica, la administración pública, etc.; es decir, a campos tan dispares como son la totalidad de los dominios donde el ser humano plantea un *trabajo con el conocimiento* (y, por tanto, queda involucrada alguna noción de verdad o justicia).

Ahora bien, explicada la posición de este trabajo en el acervo global de la reflexión jurídica, es precisa una segunda advertencia: no trataremos aquí de agotar el problema, sino de plantear unas breves notas abiertas sobre el mismo. Lejos queda así la aspiración a un cierre. Trataré de citar, por otro lado, aquellos autores cuyas ideas utilice explícitamente, pero me gustaría que en esta exposición se dejara a un lado el *quién ha dicho qué* y nos centráramos en enfrentar el problema que nos ocupa de manera *auténtica*, pues solo así podremos avanzar hacia la urgente solución que requiere.

Una vez aclaradas estas cuestiones, para cumplir el objetivo que nos planteamos en este artículo deberemos contextualizar primero su sentido y fundamentar la perspectiva desde la que partirá nuestro análisis. Para ello, nos serviremos de una breve descripción de dos estrategias que, en el ámbito de la IA, se han implementado para captar el carácter *semántico* del lenguaje humano. A fin de comprender los límites de estas estrategias respecto al acceso de la verdad y la justicia, será preciso hacer mención de algunas de las consideraciones que sobre la verdad se han hecho a lo largo de la historia, para pasar a definir nuestra humilde postura, que no es más que una corrección a la hermenéutica para asumir la verdad de ciertas reducciones. Desde ella podremos responder a si es posible automatizar los procesos humanos de respuesta a través de las herramientas algorítmicas, aterrizando toda la reflexión en el ámbito del Derecho y su respuesta institucional a *problemas* que implican normas y donde se aspira a la justicia (*problema jurídico*).

2. ONTOLOGÍAS, LARGE LANGUAGE MODELS Y EL PAPEL DEL LENGUAJE EN LA VERDAD

En el campo de la IA, muchas estrategias han tratado de triunfar en el empeño de diseñar máquinas con capacidad *semántica*. Una de ellas la encontramos en las *ontologías,* modelos que representan el *conocimiento* de un campo a través de la vinculación de sus conceptos, atributos y relaciones, de manera que dan lugar a una imagen estática de lo *significado* en el ámbito que representan. Así, generalmente a través de *grafos* constitutivos de auténticas *redes semánticas,* expresan el conocimiento lingüístico de un conjunto de conceptos (de Asis Pulido, 2025a). Sin embargo, no es posible admitir que estos sistemas accedan de por sí a un sentido; y ni siquiera llegan a asumir la *profundidad* suficiente como para poder hablar aquí de operaciones con *conceptos abstractos,* para lo cual haría falta la inclusión de millones y millones de relaciones.

Con la avenida de los Large Language Models (LLMs) y sus pares (Large Reasoning Models, Large Multimodal Models, Agentic AI, etc.), parecería que la IA se abre camino entre las profundidades semánticas y pragmáticas del lenguaje, si quiera a través de una *simulación* que, en el fondo, esconde un número ingente de correlaciones entre parámetros. Así, se ha defendido, muchas veces de manera interesada, la capacidad de estos modelos de procesar significados. Se alega desde este punto de vista que los millones de correlaciones que los LLMs encuentran en (y *aprenden* de) datos lingüísticos les permiten *captar* la relación de las palabras y el contexto en el que se dicen. Ahora bien, reiteramos, a la base de estas grandes y complejas arquitecturas no hay más que cálculos estadístico-matemáticos a través de los que se pretende llegar a una *representación* de relaciones lingüísticas capaz de predecir la próxima palabra (*token*) en la secuencia textual en que consiste la "conversación" entre un usuario y el sistema. Generalmente, a este aprendizaje se le denomina *pre-training,* pues existe una posterior fase de *refuerzo* con la que se consigue moldear las respuestas para mejorar su *precisión, relevancia* y *ética.* Como veremos, en el presente se suma a toda esta arquitectura un conjunto de estrategias dirigidas a la optimización de los resultados, a menudo —pero no siempre— con el fin de integrar el potencial lingüístico de los modelos en entornos de trabajo. Estrategias como la *Retrieval Augmented Generation* (RAG) y la inclusión de reglas de *Robotic Process Automation* (RPA) o de ontologías son ejemplos de ello, y esta especie de combinación entre *correlación lingüística*

   Miguel de Asís Pulido

y *planificación lógica* es lo que está detrás de los agentes virtuales, paradigma tecnológico de nuestra era.

Cada vez más será la IA un ente capaz de *actuar* en el entorno en base a una *percepción,* mediando en ello la reproducción de un conjunto de operaciones simbólicas. En muchos casos buscaremos de la máquina un resultado *lingüístico,* es decir, un resultado simbólico que tenga sentido en función de las reglas de un lenguaje. La forma privilegiada de percibir un *input* del entorno será como mensaje que los humanos incluyamos en el sistema (*prompt*), lo que podrá dar lugar a una duda que ya comienza a plantearse: ¿participamos en *acciones comunicativas* con estos sistemas? De seguro que concurren como mínimo dos de las tres pretensiones de validez comunicativas (Habermas, 1999: 397 y ss.) cuando interactuamos con ellos: las de verdad proposicional y una cierta rectitud normativa, lo cual, no casualmente, es característico del discurso científico. Ahora bien, también es cierto que topamos de lleno con una doble ausencia en esta "comunicación": a la máquina le falta cuerpo —incluso el sintético de los agentes físicos que ya vienen será inerte— y el código carece siempre, por el mismísimo problema de la autorreferencia, de una reflexión que vuelva a sí desde una totalidad de sentido (*Weltanschauung).* Ambas faltas sentarían un límite claro respecto a la *apertura (Erschlossenheit)* de la máquina, pues si bien se trata de un ente que maneja el *discurso,* no se puede decir que lo haga a partir de un *estar* afectivo-corporal que tiene comprensión de sí. Esto deshabilitaría la potencial consideración de la máquina como *autoconsciente* —o incluso *consciente*—, refutando la posibilidad de aludir a sus estados como provistos de *subjetividad,* así como de opinar que sus resultados textuales llegan a ejercer cualquier forma de *función pragmática* del lenguaje. Pero también queda en entredicho el ejercicio de una función más básica: la del *sentido,* necesaria, como decimos, para poder hablar de *verdad* y de *justicia.*

Sin embargo, no han faltado en la historia de la humanidad quienes han planteado la idea de que el lenguaje, por sí mismo, como *symbolon* (ύμβολον) real de lo que por él es referido, pudiera bastar para captar aquel sentido, y, generalmente desde una misma línea de pensamiento, se ha definido el lenguaje como un instrumento *discreto,* descriptible a través de métodos cuantitativos (generalmente lógicos, pero también matemáticos-estadísticos). Apoyados por esta teoría, podríamos estar tentados a otorgar a la máquina las cualificaciones interpretativas y de aprehensión de sentido necesarias para ascenderlas al podio de los entes que miran al ser, entregándoles generosamente la distinción de un nuevo *Hermes de Silicio*[2]. La verdad y la justicia, entonces, no precisarían de más apertura que la que otorga el *discurso,* pues el mundo (la naturaleza y la sociedad) no sería más que un lenguaje discreto que debemos decodificar.

Pero puede ser que la *verdad* y la *justicia,* como tantas veces y de tan diversas formas se ha defendido en el Derecho, sean indefinibles en los términos discretos de la lógica y la matemática; y es posible que el *lenguaje,* o al menos el proceso comunicativo humano al que el lenguaje sirve, también posea esta naturaleza. Quien así opine deberá admitir la esterilidad de toda reducción de la totalidad del mundo, de su verdad y justicia, a lenguaje simbólico (discreto como la matemática y la lógica), así como la imposibilidad de tal reducción respecto al lenguaje natural involucrado en los procesos comunicativos.

En todo caso, podemos identificar cuatro posturas teóricas en función de si se considera asumible el lenguaje en operaciones discretas —si quiera informales—, y de si se piensa la verdad o la justicia como accesibles a través del lenguaje. Estas cuatro posturas defenderán que:

1. El lenguaje es asumible en operaciones y el ser (como verdad y justicia) es accesible a través del lenguaje.

2. El lenguaje es inasumible en operaciones y el ser (como verdad y justicia) es accesible a través del lenguaje.

3. El lenguaje es asumible en operaciones y el ser (como verdad y justicia) es inaccesible a través del lenguaje.

4. El lenguaje es inasumible en operaciones y el ser (como verdad y justicia) es inaccesible a través del lenguaje.

Obviamente existen muchos matices dentro de cada opción, La cualidad de *discreto* que haría asumible en operaciones al lenguaje podría definirse en términos lógicos formales, matemáticos o lógicos informales —como dialéctica—. La cualidad de *continuo* que lo haría inasumible podría referirse a un *mundo interpretado como todo* (cosmovisión), a la presencia en él de una capacidad intuitiva o de la afectividad… Esto entronca con otra cuestión. El propio lenguaje se ha definido de diversas formas, y quedaría por determinar la amplitud que le concedemos: ¿es palabra, o acaso también gesto? ¿Es lo ya actuado en el mundo como expresión, o es lo que todavía existe en nuestra mente antes de ser dicho? En fin, también se ha considerado

---

2   El silicio es un material semiconductor en amplia medida utilizado en los *chips* de los dispositivos electrónicos.

que el *objeto* de la verdad y la justicia es en realidad distinto, y pertenecerían a ámbitos diversos (teórico y práctico), por lo que quizá las formas de acceso a cada una varíen. Estos matices provocan que el cuadro de posibles posturas teóricas que hemos enunciado deje de ser bidimensional, pero, al consistir precisamente en matices, no impiden que podamos presentarlo analíticamente como resultado de aquellas dos dimensiones. Bajo las lentes de este cuadro entenderemos mejor el camino dialéctico que ha dibujado la verdad a lo largo de la historia.

3. DIALÉCTICA DE LA VERDAD: DE GEOMETRÍA DEL MUNDO A DEVENIR DE LO ABSOLUTO

Es claro que el humano problematiza la realidad, pues en su *vivir* viene constantemente implícita la exigencia de un comportamiento —respuesta—. Al responder a los problemas que, en su ser existiendo y posicionado, el mundo le presenta, no puede ejercer más que la figura intermedia de un intérprete de esas cosas del mundo, de esos contactos con el Ser. Para resolver sus problemas, se plantea cuestiones como la verdad, la justicia, lo bueno, en definitiva, lo *correcto*; y la razón teórica no puede desvincularse ni un paso de la razón práctica.

La palabra correcto proviene del latín *correctus*, enderezado completamente, sin *error*, y, por tanto, identidad consigo mismo. El error sería entonces la diferencia entre la realidad y nuestro comportamiento (que soluciona el problema *propuesto*), lo cual no implica la reducción de la verdad al pragmatismo o, mejor dicho, a la mediación técnica de un fin práctico; sino el hecho de que toda verdad es verdad de una existencia fáctica, de un ser eyectado y proyectado en un mundo del que es parte como *ser*. Si somos *ser* que es en un *aquí* y un *ahora*, ¿cómo es posible el *error*, de dónde viene la *diferencia* que surge en el seno de lo *Absoluto*? Solo hay una posibilidad: que esta surja en el proceso de representación que, como intérpretes, hacemos de nosotros mismos y del mundo.

Para los antiguos, el *absoluto* comenzó siendo uno o varios elementos (ἀρχή), y la verdad era posible en cuanto se daba cuenta la presencia de la lógica de dicho elemento en lo contingente. A ello pertenecen el *agua* de Tales de Mileto, el *ápeiron* de Anaximandro, los *números* de la escuela pitagórica, el *fuego* de Heráclito y su *pantha rei*, el *nous* de Anaxágoras, el Uno parmenídeo, etc. Todo ello, en realidad, se sublima (*Aufheben*) en pasajes posteriores de la filosofía, tomando su ordenación perfecta en el pensamiento de un Platón o un Aristóteles, que sientan las bases de nuestra concepción del mundo: como expresa A.N. Whitehead, toda la filosofía europea puede entenderse como una serie de pies de página a Platón (Whitehead, 1978: 39).

Para Platón lo absoluto es la idea (εἶδος), que, como en-sí más a allá de la apariencia, conforma un mundo al que es posible acceder a través de una cierta rememoración que ejecuta la activación de la Razón, auriga del alma, elevada sobre las cosas del mundo —meras imitaciones imperfectas de aquellas— a través de un método: el dialéctico, que es un *razonamiento* con dos momentos, uno ascendente y otro descendente, a través del cual se cancelan los supuestos hasta arribar al principio mismo (Platón, 1988b: 366). La verdad está dentro de nosotros y se encuentra a través de una ordenación adecuada del lenguaje (conceptos) que permite acceder al mundo exacto de las formas, aunque existe ya en Platón la alusión a accesos místicos al Ser, como la manía (μανία), conexión *inmediata* con la divinidad (Platón, 1988a: 341 y ss.), que puede recordar a conceptos como la iluminación, la inspiración, la intuición o la conjetura.

Aristóteles asume de su maestro la necesidad de una ordenación adecuada del lenguaje, pero la *adecuación* a la que aspira no es respecto a εἶδος, sino a la substancia (οὐσία) en su unidad de forma y materia. De esta manera, los conceptos generales residen en las cosas particulares (*in re*), por lo que no son previos a ellas (*ante rem*): la vida no se separa de la Idea, pero, en cierta medida, la vida, como lo particular de la substancia conocida en lo sensible, queda enlazada en los límites de las causas que ligan la potencia y el acto —determinables por la lógica—. Esta, así, podía definirse en forma de teoría axiomática (Aristóteles, 1988: 339), referida a un conjunto de enunciados verdaderos definidos a partir de conceptos primitivos, axiomas que no necesitan ser demostrados por ser evidentes de por sí por la intuición —νοῦς—. El ser queda articulado consigo mismo y con el mundo: el lenguaje ha de considerar lo sensible para pretender corrección. Queda, sí, la necesidad de dos virtudes intelectuales: la *sabiduría* (Σοφία) y la prudencia (Φρόνησις) (Aristóteles, 2005: 181 y ss.), esta última como saber práctico dirigido a la situación concreta, necesario también para la *sabiduría*.

Con ello, siendo el *ser* la sustancia, y refiriéndose el humano a ella a través de juicios, la verdad se trasmite a la Edad Media como *adaequatio íntellectus ad rei*, siendo Dios la sustancia primera, y la

   Miguel de Asís Pulido

razón su creación primordial: era posible un acceso a la realidad de lo *creado* (el mundo) a través del lenguaje, pues la verdad era palabra, y al inicio fue el Verbo. Sin embargo, esta adecuación adquirió el carácter de dogma, y la *duda* hizo patente el papel del *sujeto pensante (res cogitans)* como elemento primero de posibilidad de cualquier juicio (Descartes, 1977: 23 y ss.). Se abría con ello una brecha entre el Verbo y su forma de acceso: era un hecho que la *interpretación* partía siempre desde una subjetividad que había de vérselas con objetos externos y extensos. La razón, no obstante, tenía su propio método, en orden al cual debía estructurar la realidad (su objeto) en elementos claros y distintos con los que operar. El error no surgiría del lenguaje de la razón, ni siquiera de la voluntad, sino de la combinación de ambas por la mayor extensión de esta respecto de aquel.

Sin embargo, parecía el método excesivamente contingente como para superar esta brecha que se había abierto entre el sujeto y su objeto de conocimiento. Por eso D. Hume sentó las bases de un escepticismo rampante al intentar desligar todo conocimiento de juicios que no hicieran referencia a una *impression* o a una deducción analítica, ya que el error yacía en la libertad de la imaginación para ordenar y asociar las ideas causadas por las impresiones. Si bien no se abocaba al humano a un silencio extremo como en la ἐποχή pirrónica de la Antigua Grecia, que derivaba en una auténtica *suspensión del juicio,* el discurso para Hume debería limitarse a lo verificable empíricamente o necesaria lógicamente (Hume, 1992: 127), y como en el fondo no es posible ligar con ello de una vez por todas cualquier efecto a una causa, entonces el conocimiento de algo más allá de lo estrictamente inmediato queda imposibilitado: el mundo no se puede decir con nuestro lenguaje subjetivo, y solo podemos encontrar en él hábito y probabilidad. El pesimismo de aquella época quedó quizá en entredicho con G. Vico y su *verum ipsum factum,* en el que si bien el acceso a la totalidad del ser quedaba reservado a Dios, el humano podía *conocer* la verdad de sus producciones (Vico, 2020).

Kant trató de superar el enredo, postulando que las tres facultades superiores del alma contenían principios *a priori* desde las que era posible un acceso a la verdad teórica, práctica y estética. Ahora bien, la facultad de conocer se refería a una verdad fenoménica mediada ya por las categorías, y, aunque con ello se hacía posible el juicio sintético a priori negado por Hume, el absoluto nouménico seguía fuera de nuestro alcance (Kant, 1984). Solo dos matices se podían realizar sobre ello. En primer lugar, la facultad de desear, objeto de la razón práctica, partía de un *hecho de la razón (Faktum der Vernunft),* la ley moral, único acceso al noúmeno del humano (Kant, 1951: 35 y ss.). En segundo lugar, si el ser humano seguía refiriéndose a la realidad a través de su facultad de Juicio, es decir, la facultad de subordinar lo particular a lo universal, a los juicios determinantes del entendimiento se sumaban ahora los *reflexionantes,* que subsumían lo particular en un universal creado al efecto para ellos, gracias al *sentido común* que capta la finalidad de la naturaleza presupuesta por el sujeto moral en el marco de su facultad de sentir (Kant, 1951: 208 y ss.). El objeto particular se alinea a esta finalidad al generar una sensación de armonía entre la imaginación y el entendimiento (que es superior en el alma del *genio*). Con estos dos matices parecía que la subjetividad quedaba completamente superada en la razón práctica y la estética, y superada respecto al *fenómeno* en la razón teórica. Era posible hablar de una *verdad racional* para el humano y de una *justicia* y *finalidad racional* del mundo, pero no de una *verdad racional* de este último.

Todo remitía a una razón, pero su nexo con la realidad quedaba ciertamente indeterminado. Fue Hegel quién volvió a sellar dicho nexo. Haciendo explícita la convicción de la filosofía consistente en que «todo lo real es racional, y todo lo racional es real» (Hegel, 2004: 18), en la filosofía de Hegel el humano goza de la posibilidad de acceder a lo Absoluto (que él mismo es), pero asumiendo precisamente esta mediación subjetiva como parte del proceso de acceso a la verdad. Este es concebido como Espíritu (*Geist*) que se desenvuelve históricamente a lo largo de etapas dialécticas, acercándose a la conciencia absoluta. Así, Hegel fortalece la idea de una «finalidad» de la naturaleza, ahora incluida en el desenvolvimiento del *Geist*, que viene a coincidir con el propio autoconocimiento del Absoluto sobre sí —Libertad—, la asunción por el pensamiento como sistema total del proceso de devenir, de la contradicción y de la integración o transcendencia (sublimación). La verdad no es el ser ni la nada, sino el movimiento del inmediato desaparecer de uno en el otro: el devenir (Hegel, 1968: 77-78).

El error en Hegel no se encuentra en la doctrina particular, que en cierta medida está asumida en el todo, sino en la detención del devenir en el Espíritu. Ahora bien, como autoconocimiento, la filosofía tiene una función retrospectiva, pues el búho de Minerva alza su vuelo en el ocaso (Hegel, 2004: 20). Así, Hegel pone sus ojos en lo ya devenido (historia), y de ahí traza una ley hacia el devenir (que había quedado superado con su filosofía), dejando a un lado con ello la vida, lo vivo de lo Absoluto, que es a lo que cabe aspirar para poder estar en lo *correcto*. Sobre la última síntesis siempre habrá una nueva negación (Adorno, 2005).

Así, la filosofía de los dos últimos tercios del siglo XIX terminó erigiéndose como una reacción respecto al poder excesivo de la razón hegeliana en lo referente a la verdad, que en realidad escondía un diálogo constante con la Modernidad, el fundamento de su *sujeto* y la reducción de lo ontológico a epistemología. Por la importancia que tuvo, pero a la vez la *traición* que sufrió en la filosofía hegeliana, el *tiempo* se puso en primera línea de análisis, aunque desde tres perspectivas distintas: vez, duración e imposición.

4. LOS TRES TIEMPOS Y EL GIRO HACIA EL LENGUAJE

La primera perspectiva entendía el tiempo como «vez» (*time*), es decir, como momentos discretos en los que podía dividirse un intervalo (t_1, t_2, t_3,..., t_n), de forma que podría operarse a través de un lenguaje lógico-matemático. El tiempo aquí es una cuarta dimensión física, y por tanto sujeta al mismo tratamiento que las otras tres dimensiones del espacio. Hablamos aquí del positivismo científico en general, pero nos centraremos ahora en el lógico. Desde él se planteaba entonces una formalización completa de la lógica con figuras como Frege (Frege, 1972). A partir de esta perspectiva se formalizaron axiomas, teoremas y pruebas, sin extraerlas de su verdad y conexión con el lenguaje ordinario, dando así lugar a la lógica predicativa y considerando la lógica como la ciencia de las leyes más generales de la verdad. Precursor del logicismo, al que luego se le sumaría Russell, Frege aspiraba a reducir las matemáticas a la lógica. Su discusión con Hilbert fue intensa: si bien este autor también buscaba formalizar las matemáticas sobre bases lógicas, rechazaba la base intuitiva de los axiomas (ya criticada por Hume) y trabajaba con teorías abstractas —funciones que quedaban interpretadas en teorías concretas—. Descargando, a su manera, los resultados de todas estas reflexiones en el ámbito del lenguaje natural, el primer Wittgenstein afirmó que los límites del mundo son los límites del lenguaje, en el que las palabras corresponden a objetos del mundo y las frases a *states of affairs*. Esto sentaba un nuevo límite respecto al nóumeno, pero asumía que las proposiciones verdaderas y los estados de cosas comparten una forma lógica. Lo que no puede someterse a expresión lingüística clara pertenecía a lo indecible, al silencio (Wittgenstein, 1922: 90). El Círculo de Viena representó la maduración de estas reflexiones, y, volviendo a Hume, defendieron que la verdad debe ser verificable empíricamente o necesaria lógicamente, lo cual equivale a decir que el lenguaje ha de ser el producto de operaciones discretas, y que solo así puede captar el mundo. Solo un lenguaje purificado podía coincidir con el lenguaje que "habla" el mundo, o, como mucho, acercársele a través de la probabilidad captada mediante funciones.

Otra perspectiva del tiempo tenía la forma de tiempo vivido (*duration*). En ello existe una cierta comunión, sobre todo por comparación respecto a aquel positivismo descrito, entre la fenomenología, el intuicionismo, el existencialismo y la hermenéutica. Estas teorías dieron luz a un conjunto de nuevas reflexiones de gran interés teórico, pues indagaban en la línea que Hegel había vuelto abrir para la unidad del sujeto y el objeto. Después de que Husserl introdujera el concepto del *mundo de la vida (Lebenswelt)* como trasfondo pre-reflexivo de toda investigación humana (Husserl, 2008: 91 y ss.), poniendo así un límite a la pureza epistemológica que pretendían enarbolar ciencia y lógica, Henri Bergson introdujo una ruptura entre lo inerte, objeto privilegiado del intelecto, y la vida, accesible por la intuición. Es este autor quien más allá lleva el concepto de tiempo vivido (*duree*) como continuidad del existir, y es ese tiempo el que la vida *recorre* en su evolución. El mundo posee momentos descendentes —lo inerte, sujeto a cosificación y cálculo instrumental deductivo— y ascendentes —lo vivo, ontológicamente abierto y captable intuitivamente— (Bergson, 1963: 447 y ss.).

En enorme deuda con estos autores y con la filosofía de Kierkegaard, M. Heidegger denuncia que la filosofía hace tiempo que había olvidado el ser para ocuparse únicamente del ente. Atendiendo al ser del ser humano, por su carácter de *ser ahí* que comprende el ser, ve en la misma estructura de su existir una triple apertura unida por la temporalidad: como encontrarse en un estado anímico, que le presenta su carácter de arrojado en un mundo (horizonte de relaciones entre los entes a la mano y otros *seres ahí*); como comprensión de la posibilidad, que le abre la puerta a su ser como proyecto en dicho mundo; y como discurso, a través del cual se articula toda apertura al ser, toda comprensión y todo convivir comprensor —comunicación— (Heidegger, 2025: 150 y ss.). La posibilidad de la muerte y la angustia de la nada anidan (por miedo a pensarlas) o separan (cuando uno las asume) al ser individual de la *cotidianeidad* del se hace (el *das Man)*. Solo el individuo auténtico conoce la verdad, pues es esta desocultamiento (*aletheia*) del ser ahí del *ek-sistente*: la Verdad es libertad en su esencia, dejar ser al ente y mantenerse en estado de apertura (no *in-sistir*). La apariencia y la no-esencia de la verdad surge cuando el ser humano no deja ser al ente como es. El descubrimiento de entes particulares por la libertad implica el ocultamiento del ser en su totalidad: el misterio. La tendencia a la cotidianeidad y la aversión al misterio constituyen el errar —*das Irren*— (Heidegger, 1967: 81). Facticidad (como arrojado), existencia (como posibilidad) y caída (como ser para lo impersonal) es la estructura del *ocuparse de las cosas* del ser humano, de manera que no puede ignorarse su presencia en todo *estar en el mundo*. El objeto de conocimiento no es nunca nada *completamente fuera* del sujeto, sino que este se encuentra inmerso en el mismo mundo que conoce.

Para Heidegger, el lenguaje tiene como fundamento ontológico el *discurso,* que es, digamos, la estructura subyacente que permite que a las *significaciones* del comprender les broten las *palabras* (Heidegger, 2025: 179). Todo el análisis existencial de Heidegger puede ser comprendido desde esta concepción del discurso: la verdad se halla en la historia existencial, la comprensión del ser es un acontecer que viene de antiguo y que debemos entender como *facticidad* desde la que parte nuestra *comprensión:* la verdad concreta es interpretación desde una precomprensión o prejuicio (que no es necesariamente ilegítimo como pensaba la Ilustración), que viene de la *totalidad de sentido* desde la que siempre conocemos. Somos, así, intérpretes del mundo desde un horizonte de sentido, que, sin embargo, no está cerrado (Gadamer, 2007: 438 y ss.), y, al relacionarnos con las cosas, los otros y nosotros mismos desde ese horizonte, somos siempre ya lenguaje como producto del *discurso.*

Antes de estas reflexiones del discípulo de Heidegger, el discípulo de Russell, Wittgenstein, había corregido su postura para incluir el contexto y una cierta dimensión pragmática dentro del lenguaje, que ahora pasaba a ser un conjunto de juegos (*language game*) compartido por los hablantes, con reglas implícitas que dependen del momento de uso y construyen el significado, la estructura del pensamiento y, por ende, sus propios criterios de verdad en un contexto de uso. Es el lenguaje un instrumento de relación para operar con las cosas en sociedad y referirse a una cosa común, pero se trata de un instrumento flexible: los elementos que quedan dentro de un concepto conforman una serie de "parecidos familiares" (*family resemblances*) que no permiten dar una definición exhaustiva y suficiente, cerrada, de aquel (Wittgenstein, 1986: 22-23).

El lenguaje, en cualquier caso, quedaba en el centro del problema filosófico como instrumento comunicativo. A parte de las teorías pragmáticas, desde una perspectiva ética, Habermas expresa una última idea en la que merece la pena detenerse. El *telos* inherente al habla es la comprensión (Habermas, 1999: 368), y la acción comunicativa es racional en cuanto implica a personas que adquieren, comparten y utilizan conocimiento de manera intersubjetiva, de manera que el entendimiento remite a un acuerdo racionalmente motivado alcanzado entre los actores en el que no han existido coacciones. La racionalidad comunicativa como fundamento de una verdad *intersubjetiva* radica en el despliegue discursivo de pretensiones de validez que pueden ser objeto de crítica, y que vienen referidas al mundo objetivo —verdad—, al mundo social —rectitud— y al mundo subjetivo —veracidad— (Habermas, 1999: 109 y ss.). El propio sentido de la argumentación la hace portadora de unas reglas mínimas que deberían respetarse para cumplir su finalidad. Si la verdad intersubjetiva nace de una argumentación, queda claro que la verdad no puede separarse de la ética: una ética dispuesta a participar en un diálogo dirigido al acuerdo.

Por último, podríamos contar también una tercera línea respecto a la concepción del *tiempo*: la bruta de la Voluntad, última consecuencia del entronar al sujeto como fundamento último. El único *tiempo* que existe es del sujeto como estar proyectado al objeto de su deseo, y poder —en tanto dominio— no es otra cosa que la imposición de un tiempo, la construcción vital de crear en el mundo los propios valores. Empujando levemente esta idea hacia sus extremos arribamos a la arbitrariedad de la posmodernidad.

Es desde la combinación de la primera perspectiva del tiempo y la tercera con lo que arribamos a la noción de verdad más común de la actualidad, por haberse fusionado mejor con el desarrollo material de nuestras sociedades. Por la parte del positivismo lógico, con la llegada de lo digital (Shannon, 1948) y el inicial desarrollo de la IA lógica (Newell, 1982), el dato aislado ganó carácter ontológico al ser estructurado en información simbólica. El conocimiento pasó de considerarse una *creencia verdadera justificada* —tesis que, por cierto, no estaba libre de polémica (Pérez García, 2024)— a definirse como información estructurada en unas reglas (lógica) o tendencias (*empiria* multiplicada por lo digital). Por el lado del voluntarismo, cabe aclarar que existen en verdad dos grandes fuentes de dominio, a veces entrelazadas: la de la Voluntad (voluntad divina, voluntad de un pueblo —tradición—, etc.) y la de la Razón (*Nous*, razón de Dios, razón del Espíritu, razón de la lógica, en todo caso). Podemos ver en la razón absoluta de Hegel el producto del ascenso de la burguesía

  Miguel de Asís Pulido

tras la I Revolución Industrial, que provoca una descripción teórica de la realidad de este dominio. Las propias contradicciones del capitalismo dieron lugar después a una crítica al Idealismo desde el que partía el dominio, y entonces se trató de ponerlo de cabeza (materialismo) o reconducirlo a la voluntad (voluntarismo). Más tarde. todo dominio quedó en suspenso con el desarrollo de la física cuántica, y aunque fueron opacados sus efectos por la I Guerra Mundial, el dominio quedaba limitado, dando un cierto golpe de gracia la II Guerra Mundial y sus horrores. La verosimilitud en la lógica, la estadística en la matemática, la pragmática del lenguaje: todo ello era expresión de un límite al dominio humano. Sin embargo, la potencia de nuestro *operar instrumental* iba superándose paulatinamente, hasta convertirse en una nueva revolución industrial (ya la tercera o cuarta). Era el momento de que se erigiera un nuevo dominio, pero el fundamento de la *verdad,* los grandes relatos del pasado, ya no existían (posmodernidad), y el sujeto no podía reclamar su posición privilegiada salvo como auténtico *ente* integrado en la lógica de un sistema. Son los datos discretos de lo digital el último fundamento de este sistema, aunque en la miríada que ellos son muchas veces se contradigan; y la IA es la herramienta que los estructura desde un *conocimiento* también discreto, donde lo probabilístico, por ser producto de millones de operaciones, obtiene el carácter de certeza. En el mundo digital, incluso la *verdad racional* (fundamentada) es producto de la voluntad: el sujeto vuelve a moldear la realidad a su manera, pero esta vez más allá de los límites de sus propias categorías, acá en las categorías binarias y correlativas del algoritmo

5. LA POSTURA HERMENÉUTICA CORREGIDA: LA VERDAD DE LAS REDUCCIONES

Toda esta exposición nos sirve para presentar ahora los rasgos generales de nuestra postura, que se encuentra vinculada a la segunda línea de comprensión del tiempo. Entendemos al ser humano como un *ser abierto a un mundo* en un *aquí y ahora* que vive. En su *existir,* así, se abre a las cosas y a los otros desde un *encontrarse* afectivo, pues es cuerpo, y hacia unas posibilidades, pues es vida que comprende el ser —y por ello le va en su ser su propio ser—. Es obvio que en esta *apertura* radica su relación con la verdad —y la justicia—, pues es a través de ella como es posible el acople entre lo articulado en la comprensión mediante el discurso y lo real comprendido.

El vivir se le presenta al humano en forma de problema que involucra una *precomprension* de la realidad a la que se abre desde un estado anímico. Todo conocer que precisa para *responder* a sus problemas está mediado por un discurso comprensivo, y, por tanto, apela a un sentido. Por ello, toda verdad y justicia, toda *respuesta correcta* parten siempre de una asunción de la totalidad del Ser desde la que se interpreta lo *concreto* en base a un sentido. Es este la *totalidad* de relaciones del mundo —muchas de ellas *encontradas* en la *facticidad* a la que es arrojado, heredadas como precomprensiones, en gran medida compartidas— que quedan articuladas por el *discurso* y expresadas en palabras a través del lenguaje. Puede decirse de este último que es un conjunto de símbolos que se combinan como parte de un juego en distintas situaciones para conseguir un fin (que siempre tiene como trasfondo la comunicación), y que es este fin el que viene determinado como *posibilidad* por la comprensión. Como combinación simbólica, es sintaxis, pero como juego y situación es semántica, y como fin es pragmática. La acción del lenguaje como *expresión* es la manifestación *óntica* de nuestra apertura.

Si retornamos ahora al cuadro bidimensional, podemos posicionar esta perspectiva en la segunda postura respecto al lenguaje, que lo considera inasumible en operaciones discretas, pero con capacidad para acceder al ser (como verdad y justicia). Los matices que sobre esta postura debemos evocar se refieren a que el lenguaje de nuestra perspectiva viene entendido en sentido amplio: por ello, es en realidad *discurso*, articulación de una comprensión que solo es efectiva desde la continuidad de una *totalidad de sentido*. El lenguaje es la manifestación óntica de dicha articulación y, como juego que se representa, lleva en sí ya los trazos de una precomprensión compartida. El lenguaje puro no existe, pero sí que se puede jugar desde la autenticidad de una apertura (al otro o a la cosa): en cierta medida, esta forma de abrirse coincide con una ética comunicativa como la de Habermas, pero, asumiendo ya la totalidad de un horizonte comprensivo, es el ser lo accedido, y no solo su forma. En tanto que claro del *ser,* como *ek-sistente* que no *in-siste* en sí, como *horizonte* que *interpreta,* en su vivir problemático el ser humano accede al ser —pues ya contiene en esta apertura el *discurso comprensivo,* y, por tanto, ya es capaz de captar en el *ser su horizonte sentido*—.

Desde esta perspectiva podemos afirmar que las otras tres posturas incluidas en el cuadro bidimensional del segundo punto representarían reduccionismos que pretenden arribar a la verdad del ser desde una *perspectiva lógica* (1), *epistemológica* (3) u *ontológica extrema*

   Miguel de Asís Pulido

(4), confundiendo su forma de *mirar a las cosas* con la esencia de la realidad. La mayoría de las reflexiones descritas en los apartados 3 y 4 pueden quedar reconducidas a dichas reducciones: es obvio que el positivismo lógico se englobaría en (1), y, en realidad, todo positivismo y los cientificismos de cualquier ralea. A (3) pertenecerían las posturas que considerasen la verdad como epistemología de uno (relativismo), varios (comunitaristas) o todos los sujetos (Kant y, en cierta medida, la postura de Habermas como epistemología de una acción comunicativa). También podría incluirse aquí la posición científica que asume una imposibilidad de encontrar la verdad a través del lenguaje lógico-matemático, pero que gracias al cálculo de probabilidades, posible a través de aquel lenguaje y los datos empíricos, podemos acercarnos al ser. El método científico juega así entre las posturas (1) y (3), dependiendo de cuán humilde sea quien manifieste el discurso, que generalmente evitará a toda costa hacer ver que algo de la problemática existencial, e incluso de *voluntad de dominio,* se cuela en el campo pseudopurificado de la ciencia (Latour, 1992). En (4) podríamos incluir corrientes tan diversas como el intuicionismo de Bergson, el escepticismo extremo de la ἐποχή pirrónica y cierto *subjetivismo* de la posmodernidad, pues todas ellas consideran *innombrable* al ser y en cierta medida inútil al lenguaje, aunque el intuicionismo y el subjetivismo consideren que se puede acceder a la verdad (por la intuición o la voluntad, respectivamente). En fin, todas estas posturas son solo diferentes perspectivas a través de las cuales el intérprete humano intenta referirse a lo real, buscando la solución correcta a sus problemas vitales, que involucran la verdad y la justicia.

Sin embargo, si bien el *Ser* es uno, no siempre captar el *Ser* significa captar la *solución correcta* en tanto que única verdad o justicia. Es evidente que solo existe un mundo: aquel en el que el ser humano se encuentra arrojado y donde encuentra útiles a la mano y seres con los que coexiste. La *apertura* al mundo es la misma respecto al "mundo natural" que respecto al "mundo del espíritu", pues todo ello forma parte del *Ser* que interpretamos desde un horizonte de sentido. Incluso el *deber ser* es traducible siempre a un *es debido ser,* y por tanto lo moral y lo justo son también accesibles en términos de apertura al ser. Se erige, empero, una distinción en el otro polo, el del *Ser*. Hemos visto que fue Bergson quien habló de movimientos de descenso y ascenso en el ser, que pueden traducirse ahora a momentos de cierre y apertura: el ser del mundo avanza en un constante juego de cierre y apertura, de solidificación y fluidez, de muerte y de vida. Pero estos momentos no son dilatables al infinito, pues la vida guarda en sí a la muerte, y la muerte tiene en sí a la vida. De hecho, la misma estructura del *existir humano* es apertura del ser en una de sus zonas como ser ahí, pero dentro de ese ser existen nuevamente aperturas y cierres, y en lo más profundo es ser para un *cierre* (la muerte).

En este *Ser* que se condensa y agita, que se cierra y abre por todos sus puntos, no sería posible zanjar de una vez el método adecuado para comprender el mundo en función de si lo que estudiamos es vivo o muerto. Pero sí que es posible, en la apertura que somos, dar cuenta de los momentos de cierre, así como los de apertura. En los primeros, el *ser humano*, problematizando su vida, buscando una *respuesta correcta a un problema,* dará entonces con una solución *convergente.* Si *con vergere* tiene el sentido etimológico de inclinarse hacia un mismo punto, los problemas convergentes son aquellos que precisamente tienen solo una solución correcta: en ellos, así, la verdad o justicia que se plantea el humano es Una. Son estos problemas cuya corrección puede describirse a través del lenguaje discreto de la lógica: la reducción lógica (1) muestra aquí su parte de verdad, pues a través de ella se produce el acople del pensamiento y el objeto pensado, de lo particular en el todo de sentido sin involucrar movimiento o novedad. Podríamos denominar *lenguaje de la racionalidad* a esta manifestación del *discurso comprensivo,* que arriba a la verdad a través de juicios determinantes analíticos y sintéticos. Este lenguaje, surgido en el mundo del *existir* con la finalidad de operar con las *cosas,* es fundamentalmente discreto, construido a partir de la unidad, los números naturales... en definitiva, es el lenguaje de la lógica-matemática, que atiende al mundo como *dado.* Por eso es eficaz en lo inerte, lo cerrado.

Si bien esto pone a la vía lógica como vía primordial respecto a lo *cerrado del Ser*, no la convierte ni mucho menos en criterio último, pues, como decimos, cualquier perspectiva (ciencia, lógica o intuición) se debe integrar en una cosmovisión de sentido para poder hablar de verdad o corrección: ninguna puede bastar por sí misma para realizar el acople. La descripción lógica de la solución de un problema convergente solo es posible cuando ese problema tiene una conexión *literal* con otras partes del todo de sentido: se trata de un microsistema que involucra una serie de axiomas, propiedades y resultados describibles entre sí y, en la medida que involucran a otros elementos del *todo* fuera del microsistema, estos quedan también cerrados (no involucran a su vez a otros nuevos elementos: es *real* el *ceteris paribus que exigen las ciencias en su hacer*). Hablaremos más de ello en el próximo punto.

Cabe resaltar que con ello no se exime a la *ciencia empírica moderna* de su naturaleza de *aproximación*. Si nos centramos en lo que ella tiene de *perspectiva epistemológica* (3), que no es poco a razón de sus bases estadísticas-probables y matemáticas, pronto nos damos cuenta de que el *cierre lógico del Ser* descrito en el anterior apartado no encaja con el modo en que ella lo trata. Al tomar como criterio de verdad la verificación cuantitativa de una serie de criterios estadísticos, solo puede considerarse *verdad científica* lo que forma parte de un método que busca en la realidad *vectores, puntos cerrados*. Solo si el *ser* puede cerrar como vector es posible la *verdad ontológica* de la ciencia, pero en la medida en que esta dice una *probabilidad*, su *acierto* será siempre *casual* (que no, precisamente, causal), pues le falta el *enlace* necesario. Se puede pensar que este enlace se encuentra en la actividad de falseamiento ejercida por una comunidad, integrándose en una cosmovisión de sentido, pero entonces ya entraríamos en el ámbito de otro lenguaje, el comunicativo, propio del ser en tanto que abierto. Por ello, toda ciencia se pega un tiro en el pie cuando presenta sus correlaciones estadísticas como última verdad. Esta autolesión es lo que está detrás de esa especie de adulación a los datos que asume el positivismo de la época, y, como ya hemos dicho, la inteligencia artificial, particularmente los Large Language Models.

En los momentos *abiertos del Ser*, empero, los problemas humanos se descubren a la *divergencia*. En base a ella existen ahora varias soluciones correctas (¡o ninguna!), y por ello no siempre comprender el Ser significa encontrar una *única solución correcta*. Esto no significa, por supuesto, que todo *valga* en ellos, ni que lo que valga no pueda someterse a una cierta ordenación. El Ser, en su agitación, es diverso desde distintas *perspectivas desde las que se mira y vive*, y quizá haya algunas más privilegiadas que otras. Quedan aquí dos opciones: o captar este *Ser agitado* desde la apertura del *discurso comprensivo situado* (2) o hacerlo desde una *pura apertura alingüística —intuitiva—* (4). Como en todo caso hemos de resolver nuestros problemas sobre la base de un sentido, viendo que el Ser que enfrentamos deviene y está como vivo, solo nos queda abrirnos a la cosa y a los otros seres que coexisten en nuestro mundo. Es efectivo entonces el lenguaje de la comunicación, que asume la contradicción pura, la dialéctica, y las supera a través de razones. Abarca el lenguaje del razonamiento, lo contiene en sí, y añade al mismo la dialéctica, el diálogo —la otredad—, incluso el gesto y la mirada. Si el mundo es algo en lo que nos encontramos inmersos, cualquier devenir del mismo dará pie a una comunicación entre lo concreto acaecido y el *horizonte de sentido* que ahora ha de asumir lo *agitado* como novedad. El otro humano es siempre un devenir, una agitación de mi mundo —siempre que me abra a él y no lo cierre como *ente*—. Por ello este lenguaje, que es manifestación del discurso, a su vez articulación de la comprensión, excede lo sintáctico o incluso semántico de la ciencia: expresa para otro y comprende a otro. Como pragmática, quedan involucradas virtudes como la prudencia, y disposiciones como la actitud dialógica o la *apertura al Ser*: he de dejar que el Ser, y también el ser del otro, se *exprese* en mi discurso como articulación de la comprensión que de él he conseguido. Por ello resultan interesantes aquí, reiteramos, ciertos aspectos de la ética comunicativa de Habermas —como programa de mínimos—, enriquecidos, eso sí, por la una hermenéutica que le dé materia.

De lo dicho resulta difícil plantear el caso de apertura al Ser sin mediación del discurso (4), pues este ya está inserto en la comprensión como su propia articulación. Si la intuición es simplemente una μανία, como una sintonización efímera y directa con el ser (como verdad), todo en su continuidad y su ahora, entonces ¿hay apertura sin discurso? ¿o acaso esa sintonización presume la articulación del discurso, pero en una especie de libre juego sin haberlo convertido en *palabra*? En la medida en que lo *correcto* —como verdad o justicia— se nos presente de golpe, inefable, ante un *problema*, podrá encajar en un *horizonte de sentido,* pero mientras no se pueda reconducir a lenguaje de la comunicación se mantendrá siempre como el producto de una subjetividad estética insuperable.

6. LA JUSTICIA EN EL DERECHO Y LOS LÍMITES DE LA INTELIGENCIA ARTIFICIAL

El problema de la *justicia* se presenta como objeto privilegiado del Derecho, institución social, a la vez que sistema normativo, que pretende regular las relaciones entre personas o personas y cosas aspirando a una cierta equidad o justicia a través de normas generales. En la *existencia* la justicia se nos presenta como problema ante el que tenemos (o el jurista tiene) que decidir lo correcto. Esta justicia se ha definido de diversas formas, coincidentes generalmente con alguna de las tres vías reduccionistas de acceso a la *verdad*:

1. Se ha definido en términos de aplicación normativa a través de silogismos deductivos (positivismo legalista, entre otros) —(1)—;

2. Se ha planteado también en término de aplicación fáctica del derecho en base a tendencias encontradas en los casos pasados, de manera que cuando se repiten las variables de los casos pasados, entonces se aplican las mismas consecuencias (realismo jurídico) —(3)—;

3. Por último, se ha venido a definir como la aplicación de una idea existente más allá de lo explicable, idea innombrable a la que se llega con intuición, pero no es posible describir el proceso para llegar a ella (movimiento de derecho libre, y otros) —(4);

Como sucedía en la verdad, cada una de estas vías constituye en realidad una perspectiva que debe ser integrada en una *totalidad de sentido* que las asuma y desde las que se plantee su eficacia para cumplir la *apertura interpretativa* necesaria para comprender el Ser (como lo verdadero y lo justo). Ahora bien, existe el problema de que la *naturaleza del ser* del Derecho es ambigua, pues contiene en su seno una apertura y un cierre: se cierra como institución que aspira a la justicia (no puede ser derecho, sino *nudo poder,* todo orden normativo que no pretenda ser justo), pero la *justicia* es siempre apertura al mundo o a los otros.

Así, en este último sentido, el lenguaje del Derecho es siempre *lenguaje de comunicación.* A través de este lenguaje, de todo Ordenamiento Jurídico emana una cosmovisión de justicia que definirá lo racionalmente aceptable para un *ethos* compartido, un nosotros, al tiempo que será aceptable también para una *naturaleza del Derecho* que se cierra como justicia. Este cierre lleva aparejado, por ejemplo, la presencia constante de principios como la normatividad, la publicidad de las normas, la irretroactividad, el respeto por la dignidad, cierta participación política..., y la base teórica de todo ello es, reiteramos, la garantía mínima de permitir la participación en el diálogo social (consecuencia última de la *apertura al Ser a través del discurso manifestado en lenguaje de la comunicación*). Así, el respeto de este listado no exhaustivo de principios, por cierto, que podríamos identificar con los DDHH, aunque no tengan que coincidir con los reconocidos en la Declaración Universal o en los DDFF, definiría la madurez de un Ordenamiento Jurídico (Garzón Valdés, 1989: 157-158). Todo OJ que incumpla estos derechos es uno subdesarrollado, más político que jurídico.

Asumido este cierre-apertura del *ente jurídico,* que, en la *totalidad del Ser,* le afianza como orden normativo que aspira a la justicia en las relaciones entre personas y personas y cosas, en el resolver un *pro-*

blema jurídico se involucra la *corrección como justicia* en una doble forma: como verdad de los hechos y como derecho aplicable, y en el marco de ellas lo *comprendido* (el caso y el Ordenamiento Jurídico) asume, a su vez, momentos de cierre y apertura.

La normatividad y la sistematicidad son elementos estructurales del Derecho desde los que la *perspectiva lógica* ha enarbolado la verdad de su método. Lo que de razón tiene esta *perspectiva* es que para la resolución de cualquier problema jurídico es esencial seguir como esqueleto un esquema normativo: el silogismo normativo, el cual se compone de tres etapas esenciales: (α) determinación de los hechos; (β) cualificación de los hechos; (γ) derivación de las consecuencias. Por más que en la resolución de una mayoría de problemas sea preciso aplicar sobre él los juegos interpretativos, argumentativos y, en fin, hermenéuticos del *lenguaje de la comunicación,* siendo posible incluso derrotar el sentido literal del esquema —para arribar a una solución *correcta* en tanto que justa—, este *esquema* sigue siendo la base de la respuesta jurídica.

El esquema jurídico es definible a través de un silogismo más o menos complejo, en función de las propiedades fácticas o jurídicas tenidas en cuenta en la norma e involucradas en el caso. Admitidos en el seno del *Ser* momentos de cierre, estos supondrán para el Derecho la existencia de problemas que involucren hechos y normas definibles en un esquema lógico puro, de tal manera que los axiomas, propiedades y resultados contenidos en sus tres etapas esenciales sean describibles entre sí, completos, y tengan una conexión literal con otras partes de la cosmovisión de sentido de justicia que es un Ordenamiento Jurídico. Este cierre de la respuesta jurídica dará lugar a un microsistema cerrado lógicamente, compuesto por problemas convergentes, cuya solución puede quedar descrita de antemano en términos lógicos —lenguaje de razonamiento— utilizando ontologías o IA basada en reglas (de Asis Pulido, 2025a).

Ahora bien, no es que con ello la máquina ejerza una especie de apertura, sino que el *ser* del Derecho asume un momento de cierre. No podemos ignorar que un sistema de IA no se abre al mundo, pues no posee cuerpo ni comprensión en términos de posibilidades en su existir. La IA, como hemos mencionado en otro lugar (de Asis Pulido, 2025b), no es más que un procesador de información simbólica (digital) que aplica a unos datos de entrada un conocimiento (entendido él mismo como información estructurada). En este sentido, podemos afirmar que «manejan», como operadores simbólicos, la

    Miguel de Asís Pulido

manifestación óntica del discurso, y, en la medida en que esta manifestación conlleva un discurso (estructuración), comportan también ya una articulación de la comprensión. Es por ello por lo que se puede verificar en su respuesta una adecuación respecto al ser (como verdad o justicia) en el ámbito de un problema. Por tanto, si desde un punto de vista hablar de Hermes de silicio es falaz, pues no existe apertura al *Ser*, el procesar unos datos desde una *estructura previa* podría verse aquí como reproducción de una interpretación.

Si las herramientas de IA lógica lo hacen desde un conjunto ordenado de reglas cerradas, en la IA con ML el conocimiento que aplican a los datos de entrada está estructurado como funciones con valores *aprendidos* en base a unos datos de entrenamiento, de manera que dan una probabilidad como resultado en función de cómo estén correlacionados en su *conocimiento* los datos de entrada entre sí y con un resultado. Por supuesto, la IA generativa (en particular los LLMs), lo lleva a cabo a través del cálculo de vectores multidimensionales que correlacionan *tokens* (fragmentos del lenguaje) en función de millones de documentos pasados, captando en cierta medida el contexto y lo que se ha denominado *conceptos abstractos*.

Cabe hacerse dos grupos de preguntas, uno relacionado con la capacidad *comprensiva* de estas últimas herramientas, otro con la posibilidad de arribar a la justicia desde ellas y, en general, el ML. En primer lugar, podríamos preguntarnos si los LLMs, con su *profundidad* contextual y conceptual, contienen en su *conocimiento* la precomprensión necesaria como para dejar de ser una mera estructura y poder hablar de *totalidad de sentido*. ¿No son los LLMs la ordenación como lenguaje hablado de todo el lenguaje de la red? ¿No darían lugar con ello al instrumento hermenéutico perfecto, que en su *totalidad* asumiera precomprensivamente los significados compartidos por una comunidad —global—? Tres elementos alejan a estas máquinas de todo ello: (i) el tratamiento del lenguaje en *tokens*, (ii) su correlación como *vectores* de probabilidad y (iii) su *aprendizaje* en función de documentos pasados. Respecto a (i), si bien el lenguaje es la manifestación *óntica* del discurso, no es posible reducir en el primero todo el *contexto*, la *semántica* y la *pragmática* del último. Los LLMs, sin embargo, están condenados a hacerlo, pues tratan de reproducir el discurso partiendo de lo *óntico* del lenguaje (*tokens*), que, como *datos digitales*, son el *factum* de su *empiria*. Esto lo hacen a través del cálculo de un vector de probabilidades que unen unos *tokens* con otros (ii). Ya hemos dicho que la probabilidad introduce una *casualidad,* por mucho que se presente como certeza, incluso si la realidad tuviera realmente un carácter vectorial (cierre vectorial).

Pero, por si fuera poco, (iii) los datos que construyen estos vectores han sido objeto de selección, así como lo ha sido hasta cierto punto el algoritmo de aprendizaje, y no todos —o quizá pocos de— los datos de Internet son de calidad. No por nada son tan frecuentes hoy en día las alucinaciones. Incluso si a través de estrategias *híbridas* como las que hemos comentado en el apartado 2 se tratará de vincular al LLMs a los datos *verdaderos* (es decir, que se han mostrado como verdad en el pasado y pertenecen a un *cierre del Ser*), todavía quedaría cierto rastro de probabilidad en su inserción en la realidad concreta.

Ahora bien, lo que encontramos en la respuesta de los LLMs es a menudo un texto coherente, productivo para nuestro flujo de trabajo. No se trata aquí de negar la utilidad como asistente o la capacidad *pseudorelacional* (de Asis Pulido, 2025) de la IA. Aceptamos completamente —siempre que se ejerzan con *cuidado*— la realidad de estas funcionalidades. Lo que está en juego aquí es la posibilidad de que estas herramientas *resuelvan* un problema de forma *correcta*. Así, lo que cambia entre una cosa y otra es la exigencia desde la que miramos el texto producido. Toda exigencia implica un umbral, que es móvil en tanto que el objeto que esperamos depende de nuestras expectativas o de un interés pragmático. Pero la verdad como *comprensión del ser* no permite umbrales contingentes, pues no son ellos más que diversos grados de *in-sistencia*, de romper la autenticidad de nuestra *apertura al Ser*. Los resultados de los LLMs pueden dar lugar a un texto adecuado para añadirlo a una publicación de LinkedIn, para cumplir un trámite formal (como publicar en revista para méritos académicos, presentar un escrito para que el cliente me pague, etc.), pero no sirven para cumplir la exigencia de captar la verdad o la justicia.

Esto es obvio respecto a los problemas convergentes de lo que hemos llamado *momentos abiertos del Ser.* Pero ¿podría tener cabida esta tecnología en la resolución de los problemas cerrados vectorialmente? ¿No coincidiría entonces su forma de asumir el *ser* con la misma estructura que el ser presenta? En el apartado anterior ya hemos planteado algunos problemas respecto a ello, pero en el ámbito jurídico la cuestión se agrava hasta lo *imposible*. Si bien la respuesta jurídica, caracterizada por su *esquema jurídico,* puede que haga frente en ciertos cierres del Derecho a *problemas convergentes lógicos,* no existe sin embargo en lo jurídico un cierre vectorial: la asunción del precedente, que es lo que podría estar más cerca de ello, ha de ser mediada por una interpretación que vincule la *totalidad del sentido de justicia* al caso concreto. Todo uso de la IA con ML y, en particular, de los LLMs conllevaría un reduccionismo epistemológico en la respuesta, como lo hace, por otra parte, todo *realismo jurídico*, doctrina que aplica las correlaciones encontradas en el pasado del *ser* al *deber ser* de lo concreto (Bobbio, 1990: 135).

Limitado el papel de la IA en el Derecho, puede no obstante quedarle al lector astuto una última pregunta: ¿qué nos protege del reduccionismo ontológico extremo (4), es decir, la reducción de la justicia a términos *intuitivos* del individuo humano (pensemos en un juez), desvinculados de un *lenguaje comunicativo* que *expresa* la cosmovisión de sentido compartido, en la resolución de los problemas jurídicos? Para no reducir la respuesta a una *subjetividad estética insuperable*, que rompiera la *naturaleza comprensiva en tanto apertura comunicativa del Derecho*, la motivación es indispensable, al menos como la traducción a lenguaje comunicativo de lo intuido. La respuesta jurídica, entendida como proceso y resultado, debe enmarcarse de principio a fin en las exigencias de aceptabilidad racional mencionadas. Esto, por supuesto, exige también un movimiento interno de *apertura* y *compromiso* con el otro y el Derecho, como conjunto de valores de un horizonte de sentido compartido, despegable especialmente en los *momentos de apertura del Derecho*, definibles como casos no sencillos, y, sobre todo, en los casos difíciles (Dworkin, 1986: 15 y ss.). Precisamente este compromiso exige que el jurista asuma la *razón de justicia* dentro de sus propios motivos de respuesta (es decir, en el contexto de descubrimiento): le exige al jurista comprometerse con su profesión, con la justicia, asumir la autenticidad de la *apertura* respecto a la cosa Derecho y al otro: esta apertura y este compromiso es lo único que le puede hacer superior a la máquina como productor de la justicia y la verdad en el mundo.

BIBLIOGRAFÍA

Adorno, Theodor W. (2005) *Dialéctica negativa. La jerga de la autenticidad.* Obra completa, 6. Madrid: Akal. Trad. de Alfredo Brotons Muñoz.

Aristóteles (1988) *Tratados de lógica (Órganon) II. Sobre la interpretación. Analíticos primeros. Analíticos segundos.* Madrid: Editorial Gredos. Trad. de Miguel Candel Sanmartín.

Aristóteles (2005) *Ética a Nicómaco.* Madrid: Alianza Editorial. Trad. de José Luis Calvo Martínez.

Bergson, Henri (1963) *Obras escogidas. Ensayo sobre los datos inmediatos de la conciencia. Materia y memoria. La evolución creadora. La energía espiritual. Pensamiento y movimiento.* Madrid: Aguilar.

Bobbio, Norberto (1990) *Contribución a la teoría del Derecho.* Madrid: Editorial Debate.

De Asis Pulido, Miguel (2025a) *Concepto y extensión de la inteligencia artificial jurídica.* Granada: Comares [En prensa], C. 2.1.4.

De Asis Pulido, Miguel (2025b) "Relaciones y vínculos en la red digital automatizada", *Ius et Scientia* [Manuscrito enviado para publicación].

Descartes, René (1977) *Meditaciones metafísicas con objeciones y propuestas.* Madrid: Alfaguara. Trad. de Vidal Peña.

Dworkind, Ronald (1986) *Law's Empire,* Cambridge, Massachusetts: The Belknap Press of Harvard University Press.

Frege, Gottlob (1972) *Conceptografía. Los fundamentos de la aritmética.* Ciudad de México: Universidad Nacional Autónoma de México.

Gadamer, Hans Georg (2007). *Verdad y método.* Salamanca: Sígueme. Trad. de Ana Agud Aparicio y Rafael de Agapito.

Garzón Valdés, Ernesto (1989) "Representación y Democracia". *Doxa, Cuadernos De Filosofía Del Derecho,* Vol. 6, pp. 143–163. Disponible en: https://rua.ua.es/dspace/bitstream/10045/10840/1/Doxa6_07.pdf

Habermas, Jürgen (1999) *Teoría de la acción comunicativa, I. Racionalización de la acción y racionalización social.* Madrid: Taurus.

Hegel, Georg Wilhelm Friedrich (2004) *Principios de la filosofía del derecho o Derecho Natural y ciencia política.* Buenos Aires: Editorial Sudamericana. Trad. de Juan Luis Vernal.

Hegel, Georg Wilhelm Friedrich (1968) *La ciencia de la lógica,* Buenos Aires: Solar / Hachette. Trad. de Félix Duque.

Heidegger, Martin (1967) *Wegmarken,* Ed. Frankfurt: Vittorio Klostermann.

Heidegger, Martin (2025) *Ser y Tiempo,* Madrid: Editorial Trotta.

Hume, David (1992) *Tratado de la naturaleza humana.* Madrid: Tecnos. Trad. de Félix Duque.

Husserl, Edmund (2008) *La crisis de las ciencias europeas y la fenomenología trascendental.* Buenos Aires: Prometeo. Trad. de Julia V. Iribarne.

Kant, Inmanuel (1951) *Crítica de la razón práctica. Crítica del juicio. Fundamentación de la metafísica de las costumbres.* Buenos Aires: El Ateneo. Trad. de E. Miñana y Villagrasa y Manuel García Morente.

Kant, Inmanuel (1984) *Crítica de la razón pura,* Vol. I. Barcelona: Orbis.

Latour, Bruno (1992) *Ciencia en acción. Cómo seguir a los científicos e ingenieros a través de la sociedad.* Barcelona: Editorial Labor. Trad. de Eduardo Aibar, Roberto Méndez, Estela Ponisio.

Mancoridis, Marina, Vafa, Keyon, Weeks, Bec, y Mullainathan, Sendhil (2025) "Potemkin Understanding in Large Language Models", *arXiv.* Disponible en: https://arxiv.org/html/2506.21521v2.

Newell, Allen (1982) "The Knowledge Level". *Artificial Intelligence,* Vol. 18, pp. 87-127. Disponible en: PII: 0004-3702(82)90012-1 (uns.edu.ar).

Pérez García, Cristián (2024) "Hitting or being right", *Forum for philosophical studies,* Vol. 2, núm. 1, art. 1659, pp. 1-10. Disponible en: https://ojs.acad-pub.com/indez.php/FPS/article/view/1659.

Platón (1988a) *Diálogos III. Fedón, Banquete, Fedro.* Madrid: Editorial Gredos. Trad. C. García Gual, M. Martínez Hernández, E. Lledó Iñigo.

Platón (1988b) *Diálogos IV. República.* Madrid: Editorial Gredos. Trad. de Conrado Eggers Lan.

Shannon, Claude E. (1948) "A Mathematical Theory of Communication". *The Bell System Technical Journal*, Vol. 27, pp. 379-423. Disponible en: https://people.math.harvard.edu/~ctm/home/text/others/shannon/entropy/entropy.pdf

Vico, Giambattista (2020) "La antiquísima sabiduría de los italianos. 1710" (Trad. del latín por Francisco J. Navarro Gómez), *Cuadernos sobre Vico,* núm. 11-12, pp. 443-483.

Whitehead, Alfred North (1978) *Process and Reality: an Essay in Cosmology.* Nueva York: The Free Press.

Wittgenstein, Ludwig (1922) *Tractatus Logico-Philosophicus.* Londres: Kegan Paul, Trench, Trubner & Co.

Wittgenstein, Ludwig (1986) *Philosophical Investigations,* Gran Bretaña: Basil Blackwell.

Zubiri, Xavier (1987) *Naturaleza, Historia, Dios*. Madrid: Alianza Editorial.

CAPÍTULO SEGUNDO.

TECNOLOGÍA Y AUTODEFENSA INTELECTUAL: DESAFÍOS DEL PENSAMIENTO CRÍTICO EN LAS DEMOCRACIAS MEDIÁTICAS

TECNOLOGÍA Y AUTODEFENSA INTELECTUAL: DESAFÍOS DEL PENSAMIENTO CRÍTICO EN LAS DEMOCRACIAS MEDIÁTICAS

Francisco Pérez Fernández
Investigador predoctoral
Área de Filosofía del Derecho Universidad de Oviedo

Sumario: 1. La presencia de la ideología en los medios audiovisuales. 2. Tecnología y ¿progreso? 3. La opinión pública. 4. La democracia y las nuevas tecnologías. 5. Conclusión. Bibliografía.

1. LA PRESENCIA DE LA IDEOLOGÍA EN LOS MEDIOS AUDIOVISUALES

Preocupado por lograr tanto la propagación del ideario comunista como la censura de las ideas contrarrevolucionarias, Lenin reconocía abiertamente que el cine era para los soviéticos la más importante de todas las artes[3]. Tras esta declaración, aparece sin duda reflejado el inmenso valor que Lenin atribuía al cinematógrafo, en el que veía una herramienta educativa y propagandística de alcance potencialmente ilimitado. No en vano, el cine permitía la transmisión de mensajes e ideas incluso entre la población analfabeta, que en la Rusia de aquel entonces era enormemente mayoritaria. Por tanto, no es de extrañar que Lenin tuviese tanto interés en controlar y potenciar la industria cinematográfica, y que el gobierno bolchevique nacionalizase este sector con el objetivo de explotarlo a nivel propagandístico y producir películas *moralmente sanas*, esto es, acordes a los ideales socialistas y revolucionarios.

---

3   Esta afirmación de Lenin, aunque bastante famosa, debe ser rastreada en fuentes secundarias, puesto que pertenece a una carta dirigida por el líder soviético a Lunacharski, crítico literario y político que, como Comisario del Pueblo, ejerció importantes funciones en el ámbito de la educación. *Vid.* Leyda (1965: 192 y 193).

El anterior ejemplo nos sirve para ilustrar el potencial que encierra el cine a la hora de transmitir al espectador una determinada interpretación ideológica del mundo que lo rodea. Y es que una de las finalidades del arte consiste precisamente en representar e interpretar la realidad humana, ejercicio que es llevado a cabo no de forma neutral, sino adoptando concretos posicionamientos ideológicos[4]. Tengamos aquí presente que la ideología puede ser entendida de formas diferentes: por un lado, desde un punto de vista más neutro, haría referencia simplemente a un conjunto de ideas que caracterizan el pensamiento de una persona, un movimiento cultural o una época; por otra parte, también puede entenderse como un conjunto de ideas falsas, ideas conducentes a lograr el engaño o el enmascaramiento de la realidad (en la línea de la falsa conciencia marxista). Sin duda, en el cine vamos a poder encontrar la encarnación de estas diversas conceptualizaciones, circunstancia que no hace sino constatarnos la importancia que tiene educar nuestra mirada como espectadores. Este aprendizaje es la única vía que va a permitirnos identificar las ideas subyacentes tras la narración cinematográfica, y defendernos del influjo que éstas puedan tener sobre nosotros. El cine puede cumplir un papel liberador y abrir vías al pensamiento, pero también puede ser alienante y capcioso; el efecto que genere en nosotros dependerá, principalmente, de los conocimientos y la experiencia que poseamos a la hora de relacionarnos con él.

Si el cine, en tanto que medio de comunicación de masas, puede llegar a ser un factor relevante a la hora de condicionar el universo ideológico y simbólico que impera en nuestras sociedades modernas, imaginemos el impacto general que en este sentido puede tener la totalidad de contenido audiovisual al que es habitual acceder actualmente a través de la televisión, internet, plataformas de *streaming*, redes sociales, etc. El considerable aumento de la presencia e influencia que estos medios tienen en nuestras sociedades[5] trae consigo nuevos con-

---

4   Para ahondar en la relación existente entre el cine y la ideología, resultan especialmente interesantes las siguientes obras: Rosen, Philip (ed.) (1986) *Apparatus, Ideology: A Film Theory Reader*; y Braudy, Leo y Cohen, Marshall (eds.) (2016) *Film Theory and Criticism: Introductory Readings*. En ambas obras vamos a encontrar recopilados ensayos de distintos autores que exploran, desde los más diversos enfoques, la forma en la que el cine produce, transmite y cuestiona la ideología.

5   El informe realizado por Barlovento Comunicación (2024), en el que se analizan los cambios producidos en la industria televisiva y audiovisual en España durante 2023, pone de manifiesto el auge experimentado por el consumo de la televisión de pago y de las plataformas OTT, así como la expansión del uso de internet y YouTube en este ámbito. Especial incidencia tienen estos nuevos hábitos de consumo entre los menores de edad en España, donde se incrementan, además, tanto la multiplicidad de dispositivos emplea-

   Francisco Pérez Fernández

dicionantes y retos a los que debemos prestar mucha atención, si no queremos acabar sufriendo las trágicas consecuencias que parecen dibujarse ya en el horizonte de nuestras sociedades a nivel cultural y político.

2. TECNOLOGÍA Y ¿PROGRESO?

El progreso tecnológico, igual que sucede con casi cualquier otra forma de progreso, suele ser concebido como un signo positivo de la vida. Esto se debe a que vivimos dentro de un marco cultural proveniente del pensamiento ilustrado y, bajo cuyo planteamiento, el acaecer histórico ha sido siempre interpretado como un incontrovertible reflejo del avance civilizatorio. La concepción optimista que en este sentido han mantenido mentes como Voltaire, Diderot, Kant o Condorcet, ha influido de forma decisiva en la promoción de esta visión de la historia como un camino hacia el perfeccionamiento moral y político de la humanidad, cuya articulación se entiende que debe estar basada en el cultivo de la razón, la ciencia y la educación[6]. No obstante, la noción de progreso es en realidad neutra; implica la idea de avance o crecimiento, sin duda, pero esto puede ser predicado en igual medida respecto de fenómenos tanto negativos (el avance de un tumor en un tejido orgánico sano) como positivos (el crecimiento de la esperanza de vida en un determinado país). Por lo demás, hemos de tener presente también que es necesario distinguir entre el progreso cualitativo, que denota la mejora en la calidad de alguno de los aspectos de un determinado fenómeno, y el meramente cuantitativo, que se refiere al avance en términos numéricos de algo, con independencia de que ese algo cuyas cifras se acrecientan comporte efectos deseables o indeseables.

Siguiendo en la línea de lo anterior, un progreso de índole tecnológica no debería ser necesariamente considerado como positivo *per se*.

---

dos por los menores para acceder a estos contenidos como el grado de interactividad y consumo de los productos transmedia (Pérez Alaejos *et al.*, 2021).

6   Por mencionar al menos un ejemplo, podemos fijarnos en el breve ensayo de Kant titulado *Ideas para una historia universal en clave cosmopolita*, en el que el autor alemán presenta la historia humana como la realización progresiva de un orden civil y político en el que la humanidad podrá finalmente desplegar todas sus capacidades: "Se puede considerar la historia de la especie humana en su conjunto como la ejecución de un plan oculto de la Naturaleza para llevar a cabo una constitución interior y —a tal fin— exteriormente perfecta, como el único estado en el que puede desarrollar plenamente todas sus disposiciones en la humanidad" (1994: 8).

Muy al contrario, un progreso de este tipo puede perfectamente ser calificado como adverso o perjudicial para la sociedad, tal y como hace, por ejemplo, Giovanni Sartori en su conocido libro *Homo videns*, cuando éste presenta el triunfo de la televisión en el ámbito de la comunicación como un evento dañino en general, y al que se puede achacar incluso la generación de un nuevo tipo de *ánthropos*, el cual se encontraría ya completamente alejado de la tradición cultural basada en el uso del lenguaje abstracto y la transmisión de conocimientos mediante la escritura[7]. En opinión del italiano, la televisión constituye un progreso tecnológico cuya principal ventaja es la posibilidad de que su contenido llegue hasta un público potencialmente universal, pero lo verdaderamente relevante es que el precio a pagar a cambio de tal ventaja consiste en que la información se traslade del contexto de la palabra al de la imagen. Esto ocasiona un cambio radical: la televisión se centra en la producción y transmisión de imágenes, da prioridad al puro y simple acto de ver, suprime los conceptos y atrofia nuestra capacidad de entendimiento y de abstracción. El vocabulario cognoscitivo del que nos valemos para organizar nuestra sociedad, así como el pensamiento conceptual que usamos para referirnos a la justicia, la legalidad, la libertad o la igualdad, son condenados en el ámbito televisivo a un segundo plano irrelevante. Por supuesto, esto supone para Sartori un grave peligro claramente asociado a múltiples circunstancias alarmantes: el aumento de la manipulación a través del falseamiento de la información, la consolidación de una opinión pública ajena al pensamiento crítico y los argumentos racionales, la conversión de la política en un espectáculo rendido al poder de la imagen y del sensacionalismo, etc.

Independientemente de que estemos o no de acuerdo con los planteamientos de Sartori que acabamos de comentar, es un hecho indudable que los efectos que el italiano atribuía a la televisión, especialmente en relación al acceso de la ciudadanía a la información y a la deriva adoptada por la política, constituyen hoy día una preocupación creciente en relación a las nuevas tecnologías. El predominio de la imagen en estos pujantes medios, la inmediatez del acceso a los contenidos ofrecidos, la simplificación de los mensajes transmitidos y el consabido recurso a explotar las emociones de los usuarios son, sin duda, características definitorias y preocupantes del mundo au-

---

7   Resume así Sartori la tesis de su libro: "La televisión está produciendo una permutación, una metamorfosis, que revierte en la naturaleza misma del *homo sapiens*. La televisión no es sólo instrumento de comunicación; es también, a la vez, *paideia*, un instrumento 'antropogénico', un *medium* que genera un nuevo *ánthropos*, un nuevo tipo de ser humano" (2018: 40).

    Francisco Pérez Fernández

diovisual moderno. Por supuesto, la preocupación por las posibles consecuencias adversas que acompañan el avance del progreso no es algo en absoluto novedoso; pongamos aquí como ejemplo a Rousseau, quien veía en el desarrollo de las artes y las ciencias un factor aparentemente positivo, pero tras el que se escondían la opresión y el robo de la libertad[8]. Así pues, no parece recomendable caer en el catastrofismo ante una sospecha que, de una u otra forma, lleva tanto tiempo extendiendo la sombra de la suspicacia por el mundo. No obstante, tampoco parece apropiado o prudente abstraernos del problema, ignorar los riesgos que comporta y no valorar la adopción de medidas que puedan atajar las posibles consecuencias desfavorables. Y bien podemos aquí traer de nuevo a colación a Rousseau, dado que éste, a pesar de que tenía una visión negativa del progreso, no por ello dejaba de mantener un carácter optimista sustentado sobre la confianza en la primacía de la razón y el comportamiento activo. En este sentido, el filósofo francés concibe la regeneración moral y cívica de la sociedad como un horizonte al que podemos aspirar si articulamos una adecuada organización política. Precisamente en esto consistía para Rousseau la razón de ser del contrato social, un pacto político mediante el cual es posible recuperar la libertad natural arrebatada: "Una forma de asociación que defienda y proteja de toda fuerza común a la persona y a los bienes de cada asociado, y por virtud de la cual cada uno, uniéndose a todos, no obedezca sino a sí mismo y quede tan libre como antes" (2016: 45).

3. LA OPINIÓN PÚBLICA

Decía Aristóteles que, en la democracia, "la opinión de la mayoría es la autoridad soberana" (1988: 370). Nótese que el estagirita hace referencia aquí a la *doxa* (opinión, creencia) y no a la *episteme* (saber, conocimiento), por lo que bien podríamos concluir entonces que la democracia es el gobierno de la opinión. Nuestras sociedades contemporáneas parecen corroborar este planteamiento, en tanto que la opinión pública se erige en ellas como el elemento condicionante primordial en el ámbito de la práctica política. Buena prueba de esto último la encontramos en la constante y evidente influencia que tie-

---

8   Afirma Rousseau lo siguiente en su *Discurso sobre las ciencias y las artes*: "Mientras el gobierno y las leyes subvienen a la seguridad y al bienestar de los hombres sociales, las letras y las artes, menos déspotas y quizá más poderosas, extienden guirnaldas de flores sobre cadenas de hierro que los agobian, ahogan en ellos el sentimiento de la libertad original para la cual parecían haber nacido, los hacen amar su esclavitud y los transforman en lo que se ha dado en llamar pueblos civilizados" (1824: 7 y 8).

nen sobre los agentes políticos aquellas opiniones que cuentan con el respaldo mayoritario de la ciudadanía.

Ahora bien, ¿cómo se forma la opinión pública? Siguiendo con lo anterior, debemos señalar que estamos ante un parecer subjetivo que tienen los ciudadanos y que no requiere de prueba alguna que respalde su verdad o su falsedad, oponiéndose en este punto al saber cierto, racional y fundamentado. Esta ausencia de objetividad conlleva que su proceso de formación se base en una interpretación espontánea sobre las cuestiones relativas a la *res publica*, esto es, los problemas de tipo colectivo que afectan al llamado bien común. Aunque estas interpretaciones sean en un principio individuales, algunas acabarán difundiéndose entre la sociedad, obteniendo relevancia de forma progresiva hasta el punto de convertirse en creencias compartidas. Y no sólo las opiniones sostenidas por algunos acabarán influyendo masivamente en los demás a través de esta vía, sino que, a su vez, la práctica totalidad de las opiniones particulares se verá afectada por la influencia de ciertos elementos del entorno cultural. Entre dichos elementos destacan especialmente los medios de comunicación, a través de los cuales los ciudadanos reciben la información que versa sobre los intereses generales de su sociedad.

Debido a que, como comentábamos antes, la formación de la opinión pública mayoritaria está netamente marcada por la ausencia de aquellas exigencias que son propias del razonamiento crítico y la demostración lógica, los medios de comunicación van a poder desarrollar fácilmente una poderosa influencia en el parecer ciudadano que versa sobre los asuntos de la esfera pública. En este sentido, Walter Lippmann, uno de los más influyentes investigadores en este ámbito, atribuyó a los medios de comunicación un papel absolutamente protagónico en la formación de aquellas imágenes o representaciones que los individuos poseen en relación con los acontecimientos del mundo[9]. En la misma línea se pronunciaría el famoso sociólogo Pierre Bourdieu, quien no sólo destacaría la repercusión que tienen los medios, sino que también señalaría a las encuestas como un elemento esencial en el moldeamiento del pensamiento ciudadano. Así, llegaría a afirmar que la opinión pública no existe más que como una ficción construida artificialmente para legitimar las decisiones

---

9   En su conocida obra *Opinión pública*, Lippmann sostiene que los ciudadanos dependen de los medios para formar sus juicios, lo que conlleva un grave riesgo, dado que dichos medios no muestran la realidad tal cual es, sino que seleccionan ciertas partes de ella, la simplifican y la reorganizan, creando así "las imágenes que los seres humanos tienen de sí mismos, de los demás, de sus necesidades, propósitos y relaciones", es decir, las imágenes que "constituyen sus opiniones públicas" (1998: 29).

    Francisco Pérez Fernández

adoptadas por el poder político, presentando éstas como el reflejo de la voluntad colectiva: "El sondeo de opinión es un instrumento de acción política; su función más importante consiste posiblemente en imponer la ilusión de que existe una opinión pública como suma puramente aditiva de opiniones individuales [...] esta opinión pública es un puro y simple artificio cuya función es disimular que el estado de opinión en un momento dado del tiempo es un sistema de fuerzas" (1992: 303).

En cuanto a los medios de comunicación, podemos preguntarnos acerca de cuáles son hoy día los que poseen un mayor peso a la hora de condicionar el proceso de formación de la opinión pública. Y es que el antiguo monopolio del que disfrutaban en este ámbito los periódicos y la radio fue desmantelado hace tiempo por la irrupción de la televisión, que acabó convirtiéndose en el canal principal de información para la ciudadanía. A día de hoy, aunque la televisión siga conservando una posición preminente, ésta se ve obligada a ceder cada vez más terreno frente a las nuevas tecnologías[10]. Estos novedosos canales de comunicación cuentan con ventajas como la de su ágil y amplia accesibilidad, pero presentan también otros rasgos que resultan claramente preocupantes si tenemos en cuenta todo lo expuesto hasta el momento.

En primer lugar, la ya mencionada prevalencia de la imagen en el ámbito de las nuevas tecnologías amenaza con deteriorar la capacidad de abstracción necesaria para analizar racionalmente las complejas cuestiones que conforman nuestra realidad política, jurídica, social y económica. El correcto entendimiento de estas materias requiere el uso de un vocabulario cognoscitivo y teórico apropiado, siendo el manejo de este tipo de lenguaje abstracto un elemento esencial para sostener el pensamiento conceptual del que nos valemos a la hora de reflexionar sobre cuestiones complejas, como puede ser la idea de democracia. Un medio en el que se ensombrezca este entramado lingüístico abstracto, y a la vez se promueva la tajante supremacía de la imagen, conllevará, de forma casi inevitable, ciertas consecuencias

---

10   En un informe del Parlamento Europeo, que analiza la forma en la que la ciudadanía accedió a las noticias a través de los medios de comunicación durante 2023, se afirma que la televisión sigue siendo la fuente más usada para obtener información. No obstante, el informe también constata que los medios digitales de noticias son la segunda opción más elegida y que están en plena fase de crecimiento. Por su parte, el uso las redes sociales con este fin también crece, empatando con la radio y superando a la prensa escrita. Especial importancia poseen las redes sociales entre los jóvenes, puesto que la inmensa mayoría de ellos recurren a esta vía como fuente de información sobre noticias (European Parliament, 2023).

indeseables: la condena del relato a un segundo plano, la pérdida de valor de los conceptos, el dominio de lo sensible frente a lo inteligible, el empobrecimiento del entendimiento y la facultad de abstracción, etc. Todo esto influirá en la forma en la que las personas comprenden y valoran la información a la que acceden a través de las nuevas tecnologías, facilitando la distorsión de dicha información y la difusión de determinados sesgos ideológicos que orienten la opinión pública en cualquier sentido.

Por lo demás, debemos también prestar atención a otras posibles consecuencias negativas derivadas del uso de las nuevas tecnologías, como puede ser la saturación frente a la inagotable oferta de contenidos, circunstancia esta que podría ser la causante de un profundo desinterés e indiferencia ante la información. Igualmente, es preocupante que los algoritmos encargados de seleccionar aquello que se va a mostrar a través de la pantalla, y que tienden a priorizar contenidos que satisfagan los gustos del usuario, fomenten la polarización y el fenómeno conocido como *cámara de eco*[11]. Así, entornos digitales como los de las redes sociales, potencialmente idóneos para producir el encuentro entre diversos puntos de vista y el debate abierto, acaban logrando todo lo contario: fomentar el aislamiento de los individuos y polarizar a la sociedad.

Otro problema es el contenido y el enfoque de las noticias a las que se tiene acceso. Aunque la política genere gran repercusión, puesto que aquello que sucede en este ámbito marca la marcha de nuestra vida en múltiples sentidos (determina cuáles son nuestros derechos y la libertad con la que contamos, crea las condiciones de las que en buena medida va a depender nuestro enriquecimiento o empobrecimiento, etc.), la forma en la que se aborda el tema tiende a una cada vez mayor simplificación y celeridad. Los contenidos que versan sobre política han de huir de los discursos complejos y las reflexiones profundas, por mucho que este tipo de abordamiento sea necesario para realizar análisis certeros. En su lugar, vemos a diario cómo mensajes sencillos, simples y de fácil calado ganan prioridad, dado que encajan mejor en la vorágine de consumo en la que vivimos sumergidos, y donde priman la constante exposición a nuevos contenidos y la rapidez en el acceso a los mismos. Cuanto más rápido, más sencillo y más llamativo, tanto mejor.

---

11 Con este término nos referimos a la creación de entornos mediáticos en los que los usuarios acceden únicamente a opiniones, información e ideas que refuerzan sus propias creencias, permaneciendo aislados de puntos de vista diferentes que puedan cuestionar sus convicciones.

   Francisco Pérez Fernández

Por añadidura, todo lo anterior también ocasiona que las noticias sobre política pierdan presencia frente a otras noticias que traten sucesos, acontecimientos deportivos, catástrofes y, especialmente, aquellas que tengan un marcado carácter sentimental o emocional. Este tipo de información, aunque sea ajena a los asuntos públicos de los que depende el bien común, gana terreno debido a la facilidad con la que explota la vertiente emocional y genera expectación, quedando relegadas frente a ella las noticias que requieren una mayor atención y reflexión por parte del espectador o usuario. Parecemos seguir así el camino que hace ya más de una década señalaba con preocupación Mario Vargas Llosa, cuando éste indicaba que "el periodismo de nuestros días, siguiendo el mandato cultural imperante, busca entretener y divertir informando, con el resultado inevitable de fomentar, gracias a esta sutil deformación de sus objetivos tradicionales, una prensa también *light*, ligera, amena, superficial y entretenida [...] Convertir la información en un instrumento de diversión es abrir poco a poco las puertas de la legitimidad a lo que, antes, se refugiaba en un periodismo marginal y casi clandestino" (2015: 54 y 56).

4. LA DEMOCRACIA Y LAS NUEVAS TECNOLOGÍAS

Ahora que ya hemos comentado la forma en la que las nuevas tecnologías intervienen en la formación de la opinión pública, así como la facilidad con la que se puede hacer uso de estos medios para difundir una determinada línea ideológica, detengámonos a reflexionar sobre las consecuencias que esto puede tener en la democracia, a la que anteriormente nos hemos referido como el gobierno de la opinión.

El comportamiento de los principales agentes en el ámbito de la práctica política se va a ver claramente influenciado por el sentido de aquellas opiniones que cuenten con el respaldo mayoritario por parte de la ciudadanía. Esto podemos verlo reflejado, en primer lugar, en los procedimientos electorales que llevan a la formación de los gobiernos. La incidencia de las nuevas tecnologías en las elecciones ha fomentado tendencias que ya se venían dando con el triunfo de la televisión en el campo de la comunicación, tales como el fuerte personalismo que se adueña de las campañas. La solidez que pueda ofrecer un partido bien organizado pierde así relevancia frente a la figura del líder fuerte y carismático; las siglas pasan a estar encarnadas en los rostros de aquellos que van a copar las pantallas, convirtiéndose éstos en el principal reclamo electoral. Las redes sociales son especialmente importantes en este aspecto[12], dado que los candidatos y las figuras destacadas que los apoyen pueden comunicarse directamente a través de ellas con los votantes, adaptando sus mensajes a grupos específicos y haciendo uso del *big data* y la analítica predictiva para lograr una mayor efectividad. Asimismo, la comunicación empleada por los candidatos también cambia radicalmente, de forma que ya no se emplean largos discursos en los que se dé relevancia al programa electoral defendido o se ofrezca un reflexivo y minucioso análisis de los problemas que afectan al país; muy al contrario, priman los mensajes cortos, sencillos y directos, en los que se alterna el uso de un lenguaje ambiguo con otro muy tajante, según lo que resulte más útil en cada momento. En última instancia, el criterio de validez queda reducido a lograr el éxito en el algoritmo y la viralización.

La forma en la que los gobiernos adoptan decisiones en función de cuál sea la opinión mayoritaria es otro de los aspectos que nos permiten percibir la influencia de la opinión pública. La clase política se ha vuelto cada vez más dependiente de las opiniones de los electores, todo ello en función de la mayor presencia que las nuevas tecnologías han ido ganando en el ámbito de los medios de comunicación. En un principio, esto puede ser presentado como un progreso positivo de la democracia, dado que implica, al menos en cierto sentido, un incremento del poder del *demos*; sin embargo, se trata de un fenómeno tras el que se esconden aspectos indudablemente negativos. El primero de ellos es que los políticos cada vez tienen un mayor interés en aquellos acontecimientos que sean mediáticos y susciten la expectación de la ciudadanía, dejando de lado otras cuestiones menos llamativas pero cuyo impacto real en la marcha de un país es mayor. Por lo demás, en esta carrera hacia la popularidad, los políticos tienden a prestar poca atención a lo que tengan que decir los expertos en una determinada materia, quedando el versado juicio de éstos eclipsado muchas veces por la más veleidosa opinión expresada por personajes célebres, tales como actores, cantantes o deportistas. También debemos tener en cuenta cómo la actuación de los políticos va a verse afectada por su afán de acomodarse a la perspectiva emocional con la que los asuntos públicos suelen ser tratados en nuestro

---

12 Recordemos la última toma de posesión de Donald Trump, celebrada el 20 de enero de 2025 en el Capitolio. En este acto, tanto Barron Trump, hijo del presidente, como el famoso magnate Elon Musk tuvieron un gran protagonismo, debido precisamente al destacado papel que ambos desempeñaron durante la campaña electoral en las redes sociales. Y antes de esto, las campañas de Barack Obama en 2008 y 2012 ya habían resultado innovadoras por la importancia que se otorgó a las redes sociales en orden a captar apoyos y movilizar a los votantes.

moderno entramado mediático, con el fin de satisfacer así a los posibles votantes y beneficiarse de su apoyo. Esta priorización del *pathos* frente al *logos*, basada en ensalzar el apasionado sentimentalismo en detrimento del saber fundado racionalmente, puede ser muy útil a la hora de cosechar el aplauso a través de mensajes conmovedores y grandilocuentes, pero difícilmente va a ayudar a resolver de forma efectiva y prudente los asuntos públicos.

En suma, las nuevas tecnologías adquieren claramente un papel protagonista en la dinámica política propia de nuestras democracias. No sólo demuestran ser determinantes a la hora de dirigir la opinión pública y de establecer el enfoque desde el que van a ser afrontados los intereses generales, sino que, como hemos visto, también van a condicionar el comportamiento asumido por los políticos tanto en los procesos electorales como en sus acciones de gobierno. Y es que el acceso al poder, igual que el mantenimiento en el mismo, pasan por lograr la legitimación de la opinión pública, condicionante que a día de hoy resulta absolutamente crucial pero que, en realidad, lleva mucho tiempo siendo válido, tal y como podemos constatar mediante las palabras de David Hume cuando éste afirma que la aceptación de los gobernados constituye el pilar sobre el que se sostiene la autoridad pública: "La opinión es, así pues, aquello en lo que se fundamenta el gobierno, y esta máxima se extiende a los gobiernos más despóticos y más militares, tanto como a los más libres y populares" (2011: 66).

Al margen ya de la actuación de la clase política, otro problema relacionado con la opinión pública, y al que no podemos dejar de hacer referencia, es el relativo a la forma en la que ésta puede llegar a someter las opiniones particulares disidentes. En su obra *Sobre la libertad*, John Stuart Mill señalaba que incluso en las sociedades democráticas, donde el poder del Estado ha sido limitado legalmente, continúa existiendo una opresión mucho más sutil: la tiranía de la opinión pública. Y es que "la sociedad puede ejecutar, y ejecuta [...] una tiranía social más formidable que muchas de las opresiones políticas, ya que [...] deja menos medios de escapar a ella, pues penetra mucho más en los detalles de la vida y llega a encadenar el alma". Por ello nos alerta Mill de la necesidad de "protección contra la tiranía de la opinión y sentimiento prevalecientes; contra la tendencia de la sociedad a imponer, por medios distintos de las penas civiles, sus propias ideas y prácticas como reglas de conducta a aquellos que disientan de ellas; a ahogar el desenvolvimiento y, si posible fuera, a impedir la formación de individualidades originales" (1970: 59 y

60). Sin duda, no es una cuestión en absoluto menor el peligro al que la autenticidad y el pensamiento crítico se encuentran expuestos en un contexto como el actual, en el que tanto peso juegan fenómenos como la viralización, la cancelación o la polarización. De nada sirve tener formalmente reconocido el derecho a la libertad de expresión si la presión ejercida por la mayoría acaba imponiendo determinadas creencias y condenando al ostracismo al libre pensamiento, aquel eje alrededor del cual se ha desarrollado siempre el progreso intelectual.

5. MEDIDAS DE DEFENSA

Las nuevas tecnologías no son esencialmente malas, y han aportado considerables ventajas al campo de la comunicación: permiten el acceso inmediato a información proveniente de una gran diversidad de fuentes, suprimen las distancias y posibilitan tener contacto en tiempo real con acontecimientos de cualquier parte del mundo, estimulan la interactividad y la colaboración pública, fomentan la innovación narrativa a través de los más variados formatos digitales, etc. Igualmente, en lo tocante a la política, también pueden presentar aspectos positivos: favorecer la transparencia y la denuncia de irregularidades, promover la movilización y la participación ciudadana, brindar acceso a programas políticos o debates parlamentarios, facilitar la eficacia de los procesos electorales mediante la implantación de sistemas de registro y conteo más rápidos y seguros, etc. Sin perjuicio de lo anterior, es igualmente cierto que las nuevas tecnologías también traen aparejados graves riesgos frente a los cuales debemos precavernos si no queremos que nuestras democracias se arruinen.

Como apuntábamos antes, la *doxa* se consolida cuando muchas personas aceptan algo como verdadero sin preocuparse por causas, pruebas o explicaciones profundas. El papel que las nuevas tecnologías juegan en la consolidación y expansión de esa *doxa* es preocupante, si tenemos en cuenta la facilidad con la que el parecer mayoritario puede ser ideológicamente dirigido, así como el peso que la opinión pública tiene en el comportamiento y las decisiones de los políticos. Hasta ahora, el sistema democrático ha resistido, pero porque ha sido articulado siguiendo el modelo de la democracia representativa, en la que el *demos* elige a sus gobernantes, siendo estos últimos los encargados de tomar las decisiones sobre los asuntos públicos. No obstante, a día de hoy, existe una clara tendencia a reivindicar un funcionamiento democrático más directo, una suerte de democracia

 Francisco Pérez Fernández

semidirecta en la que cobran peso instrumentos como la consulta directa a los votantes y la celebración de referéndums. Esta vía tiene implicaciones ciertamente delicadas, puesto que la opinión pública se encuentra hoy día expuesta de forma alarmante a campañas de desinformación, la propagación de *fake news*, el uso de la IA para generar contenidos falsos, la priorización de perspectivas emocionales o polémicas a la hora de comunicar la información, el aumento de la polarización como consecuencia del uso de algoritmos, y demás fenómenos ya comentados. Si la actual proliferación de encuestas y sondeos puede ser entendida como una cierta forma de *directismo* poco deseable, debido a la manera en la que estos instrumentos condicionan la actuación política[13], imaginémonos los resultados de acrecentar la ya de por sí gran dependencia que los agentes políticos muestran en relación con la opinión pública.

Por lo demás, tengamos presente también una cuestión obvia: no sólo es un problema el hecho de que la clase política se deje arrastrar por la opinión pública para hacerse con su apoyo, sino que es tanto o más preocupante que el poder político sea capaz de moldear y dirigir a su antojo las opiniones sostenidas por la ciudadanía. En este sentido, haríamos bien en tener en cuenta las advertencias con las que Noam Chomsky y Edward Herman nos alertaban hace ya unas décadas sobre la falta de neutralidad e independencia de los medios de comunicación, a los que presentaban como un instrumento de propaganda al servicio de los intereses de las élites. En lugar de perseguir la verdad e informar libremente, los medios moldean la opinión pública para *fabricar consentimiento* y sustentar el *statu quo*: "El 'propósito social' de los medios de comunicación es inculcar y defender la agenda económica, social y política de los grupos privilegiados que dominan la sociedad nacional y el Estado. Los medios cumplen este propósito de diversas maneras: mediante la selección de temas, la difusión de preocupaciones, la formulación de problemas, el filtrado de la información, el énfasis y el tono, y manteniendo el debate dentro de los límites de las premisas aceptables" (1988: 298). Para evitar esta deriva indeseable de los medios de comunicación, Chomsky y Herman apuntan ciertas líneas en cuya dirección habría que progresar: fomentar la democratización y pluralidad de los medios, adoptar mecanismos de transparencia y control ciudadano, incentivar el activismo y la acción colectiva, promover medios

---

13   Sirva como ejemplo el artículo de José Juan Toharia Cortés (2002) en el que se examina cómo los sondeos de opinión han influido en las decisiones políticas relativas a la evaluación y reforma del poder judicial en España.

alternativos y comunitarios, e impulsar una educación política y mediática que fomente la autonomía intelectual de la ciudadanía. Sin duda, estas medidas que acabamos de mencionar son asignaturas que a día de hoy aún tenemos pendientes.

En suma, aumentar el poder decisorio o la capacidad de influencia de un *demos* expuesto de forma alarmante a la desinformación, carente de las competencias o el saber necesarios para enjuiciar los problemas públicos, e incapaz de generar opiniones autónomas y críticas con las creencias imperantes, es tanto como consumar colectivamente un suicidio democrático. Para evitar esto, es necesario pasar a la acción en diferentes campos, siendo especialmente importante la adopción de medidas legales que puedan frenar los efectos perniciosos de las nuevas tecnologías. En esta línea, han de crearse marcos legales cuya aplicación a las plataformas digitales evite la propagación de contenidos falsos o la manipulación de las campañas electorales, estableciendo sanciones para quienes empleen información falsa con fines políticos[14]. También es necesario reforzar el régimen de transparencia en materia de publicidad y financiación de los partidos, así como garantizar la privacidad de los datos personales y evitar el uso indebido de bases de información personal[15]. De igual forma, es indispensable que las empresas dedicadas tanto al desarrollo como a la prestación de servicios en el campo de las nuevas tecnologías estén legalmente obligadas a cumplir ciertas medidas tecnológicas: uso de algoritmos transparentes y auditables, implantación de sistemas de ciberseguridad que eviten hackeos o manipulaciones, controles en el empleo de la IA, etc[16].

---

14 En el caso de España, son importantes en este sentido las futuras normativas que están en proceso de elaboración, como el Anteproyecto de Ley de gobernanza de la Inteligencia Artificial (2024), que obliga a identificar todo contenido que haya sido generado o manipulado con IA, estableciendo el régimen de sanciones aplicable en caso de incumplimiento; o la Propuesta de Ley Orgánica sobre simulaciones de imágenes y voces (2023), que regula el fenómeno de los *deepfakes* y protege el derecho al honor, a la intimidad y a la propia imagen, incorporando también un catálogo de sanciones.

15 Recordemos el escandaloso caso de Cambridge Analytica, la consultora británica que recopiló datos personales de millones de usuarios de Facebook sin su consentimiento, usando esta información para crear detallados perfiles psicológicos de los votantes, utilizados para diseñar mensajes políticos personalizados ánthropos en los procesos electorales. El caso generó un debate mundial sobre el poder de las redes sociales y la necesidad de proteger los datos personales, evidenciando la necesidad de crear regulaciones más estrictas. Para saber más sobre el caso, puede consultarse el documento oficial de la Comisión Federal de Comercio de los Estados Unidos, titulado *In the Matter of Cambridge Analytica, LLC, a corporation* (2019).

16 Un buen ejemplo de este tipo de medidas es el Reglamento de la Unión Europea destinado a regular el diseño, la comercialización y el uso de la IA (2024). Esta norma establece

     Francisco Pérez Fernández

Todo lo anterior constituye un plan de actuación ineludible, pero que ha de ser complementado con la difusión de una educación mediática y digital que provea a la ciudadanía de los mecanismos de defensa idóneos para enfrentarse al entramado conformado por los medios de comunicación, las nuevas tecnologías y los poderes políticos y económicos. Sin recursos para reconocer la desinformación y poder verificar fuentes, sin pensamiento crítico capaz de sublevarse ante la manipulación, todos los demás esfuerzos serán insuficientes de cara a afrontar el reto que tenemos por delante como sociedad. Siguiendo esta línea, podemos traer de nuevo a colación a Chomsky, quien reclamaba un sistema educativo que forme ciudadanos capaces de detectar y resistir la manipulación ideológica, política y mediática. Los Estados totalitarios se valen tanto del uso de la fuerza como del control del pensamiento para imponer un orden ideológico entre los ciudadanos; no obstante, esto también ocurre en las democracias, aunque los Estados democráticos han de priorizar el uso de mecanismos de control diferentes a la fuerza. El éxito del poder establecido pasa por desintegrar "cualquier estructura popular que apoye al pensamiento y la acción independientes [...] el público ha de seguir siendo un objeto de manipulación, no un partícipe en el pensamiento, el debate y la decisión" (2007: 192). Estas circunstancias hacen imprescindible el fomento de la autodefensa intelectual, es decir, dotar a las personas de herramientas críticas apropiadas para evitar su manipulación o la aceptación pasiva de políticas contrarias a sus intereses: "Los ciudadanos de las sociedades democráticas deberían emprender un curso de autodefensa intelectual para protegerse de la manipulación y del control, y para establecer las bases para una democracia más significativa" (2007: 10).

6. CONCLUSIÓN

En definitiva, la creciente mediación tecnológica en la conformación de nuestras opiniones ha situado a las democracias contemporáneas frente a una compleja encrucijada: o bien asumimos el reto de adoptar medidas legales significativas, a la vez que nos preocupamos por

---

un marco legal integral aplicable tanto a compañías europeas como a otras no europeas que operen en el territorio de la UE; prohíbe determinadas aplicaciones cuyo riesgo se considera inaceptable, precisando las condiciones para que el uso de IA se califique como de alto riesgo; establece requisitos específicos de ciberseguridad, teniendo en cuenta la resistencia a ataques que presenten los sistemas y exigiendo la creación de planes de contingencia; etc. Todas estas novedades hacen del Reglamento una norma referente a nivel mundial.

educar la mirada ciudadana y fortalecer la autonomía crítica del pensamiento; o bien claudicamos ante el peor aspecto del mundo audiovisual moderno, renunciando a la libertad emancipadora que ofrece la democracia y abrazando una nueva esclavitud cuyas cadenas adquieren la forma de pantallas retroiluminadas.

Políticos cuya preocupación principal son los sondeos y su popularidad, medios de comunicación sensacionalistas interesados únicamente en lograr mejores audiencias, votantes teledirigidos e irracionales que sucumben a la manipulación informativa orquestada por las élites... Todos estos elementos constituyen un escenario preocupante en el que, probablemente, el peor riesgo consista en interiorizar progresivamente una forma de *estar en el mundo* irreflexiva, banal e imprudente.

Ante semejante contexto, toca recuperar las riendas y alzar la voz de la razón. No cabe duda de que es indispensable ofrecer una firme respuesta desde el ámbito jurídico, pero también es necesario implementar un tipo de educación que fomente el uso reflexivo y crítico de las nuevas tecnologías. No se puede reivindicar el fortalecimiento del poder del *demos* sin exigir también un incremento paralelo de su saber. El poder popular requiere ciudadanos informados y conscientes que sean capaces de rebelarse ante la tiranía de la imagen, la inmediatez y las emociones. Allí donde la razón se adormece bajo el brillo de la pantalla, la democracia se marchita; y sólo el ciudadano que piensa —que duda y se interroga— podrá romper ese letargo.

BIBLIOGRAFÍA

Aristóteles (1988) *Política*. Madrid: Gredos.

Barlovento Comunicación (2024) *Informe anual 2023: Análisis de la industria televisiva audiovisual.* Disponible en: https://barloventocomunicacion.es/audiencias-anuales/analisis-de-la-industria-televisiva-audiovisual-2023/ *10-09-2025.*

Bourdieu, Pierre (1992) *"La opinión pública no existe", Debates en Sociología*, núm. 17, pp. 301-311.

Braudy, Leo y Cohen, Marshall (eds.) (2016) *Film Theory and Criticism: Introductory Readings*. New York: Oxford University Press.

Chomsky, N. (2007) *Ilusiones necesarias. Control de pensamiento en las sociedades democráticas*. La Plata: Terramar.

European Parliament (2023) *TV still main source for news but social media is gaining ground*. Disponible en: https://europa.eu/eurobarometer/surveys/detail/3153 *10-09-2025*.

Federal Trade Commission (2019) *In the matter of Cambridge Analytica, LLC*. Disponible en: https://www.ftc.gov/system/files/documents/cases/182_3107_cambridge_analytica_administrative_complaint_7-24-19.pdf?utm_source=chatgpt.com *14-09-2025*.

Gobierno de España (2024) *Anteproyecto de Ley para el buen uso y la gobernanza de la Inteligencia Artificial*. Disponible en: https://avance.digital.gob.es/_layouts/15/HttpHandlerParticipacionPublicaAnexos.ashx?k=19128 *18-09-2025*.

Grupo Parlamentario Plurinacional SUMAR (2023) *Proposición de Ley Orgánica de regulación de las simulaciones de imágenes y voces de personas generadas por medio de la inteligencia artificial*. Disponible en: https://www.congreso.es/public_oficiales/L15/CONG/BOCG/B/BOCG-15-B-23-1.PDF *18-09-2025*.

Herman, E. S., y Chomsky, N. (1988) *Manufacturing consent: The political economy of the mass media*. New York: Pantheon Books.

Hume, David (2011) *Ensayos morales, políticos y literarios*. Madrid: Trotta.

Kant, Immanuel (1994) *Ideas para una historia universal en clave cosmopolita y otros escritos sobre Filosofía de la Historia*. Madrid: Tecnos.

Leyda, Jay (1965) *Kino. Historia del cine ruso y soviético*. Buenos Aires: Editorial Universitaria de Buenos Aires.

Lippmann, Walter (1998) *Public Opinion*. New Jersey: Transaction Publishers.

Parlamento Europeo y Consejo de la Unión Europea (2024) *Reglamento 2024/1689 relativo a la inteligencia artificial y por el que se modifican determinados actos legislativos de la Unión (AI Act)*. Disponible en: https://www.boe.es/buscar/doc.php?id=DOUE-L-2024-81079 *18-09-2025*.

Pérez Alaejos, María de la Peña Mónica, Marcos Ramos, María, Cerezo Prieto, Marta y Hernández Prieto, Marina (2021) *"Niños, niñas y adolescentes, revolución del consumo audiovisual. El impacto de las plataformas en línea en España", Análise: Cadernos de comunicação e cultura*, núm. 65, pp. 155-172.

Rosen, Philip (ed.) (1986) *Apparatus, Ideology: A Film Theory Reader*. New York: Columbia University Press.

Rousseau, Jean-Jaques (1824) *Oeuvres complètes. Tome I (Discours sur les sciences et les arts)*. París: Dalibon.

Rousseau, Jean-Jaques (2016) *Contrato social*. Barcelona: Austral.

Sartori, Giovanni (2018) *Homo videns. La sociedad teledirigida*. Barcelona: Penguin.

Stuart Mill, John (1970) *Sobre la libertad*. Madrid: Alianza.

Toharia Cortés, José Juan (2002) *"Las encuestas de opinión y las decisiones políticas: el caso de la evaluación y reforma de la Justicia", Revista Española de Investigaciones Sociológicas*, núm. 99, pp. 11-45.

Vargas Llosa, Mario (2015) *La civilización del espectáculo*. Barcelona: Penguin.

  Francisco Pérez Fernández

CAPÍTULO TERCERO.

EL DERECHO AL SUICIDIO Y EL SUICIDIO DEL DERECHO

EL DERECHO AL SUICIDIO Y EL SUICIDIO DEL DERECHO[17]

Cristián Pérez García[18]
Investigador predoctoral de Filosofía del Derecho de la Universidad de Oviedo

En el año 1914, el estallido de la Primera guerra mundial sorprendió a Sir Adrian CARTON DE WIART camino de una guerra local en la Somalia británica. Movido por su personal ardor guerrero, decidió encadenar ambas contiendas sin solución de continuidad. Durante los años siguientes, se distinguió por su valentía en el campo de batalla y por su sorprendente resistencia a los embates de la muerte. Tan sólo durante la Gran guerra, CARTON DE WIART recibió dos disparos en el rostro, uno en la oreja, uno en el cráneo, uno en la cadera, uno en la pierna y uno en el tobillo, perdió un ojo, una oreja, los dedos de una mano, que él mismo se arrancó a mordiscos, y, al fin, la mano entera. Falleció en el año 1963, después de haber combatido también en la Segunda guerra mundial. Al rememorar su paso por el campo de batalla, Sir Adrian dijo: "Para ser sinceros, debo reconocer que he disfrutado bastante la guerra".

El caso de CARTON DE WIART es excepcional, debemos decirlo; su providencial evasión de la muerte sólo se pudo lograr merced a una incomprensible sucesión de milimétricos errores de puntería y pro-

---

17   Trabajo realizado en el marco del proyecto PID2023-146621OB-C21, «Desafíos teóricos, éticos y normativos de la inteligencia artificial. Oportunidades y límites de su regulación» (DENORIA), financiado por la Agencia Estatal de Investigación y el Ministerio de Ciencia e Innovación y coordinado, como investigador principal, por el Prof. Dr. D. Roger Campione, y del proyecto PAPI-24-TESIS-12, financiado por la Universidad de Oviedo y Banco de Santander, S. A. Una primera versión de este texto se presentó como ponencia, bajo el mismo título, al *III Congreso AJIDH «Teoría y praxis de los derechos humanos»*, organizado por la Asociación de Jóvenes Investigadoras e Investigadores en Derechos Humanos y la Universidad de León y celebrado en la Universidad de León, León, los días 9 y 10 de julio de 2025.

18   Área de Filosofía del Derecho, Departamento de Ciencias Jurídicas Básicas, Universidad de Oviedo. Avda. del Cristo, s/n, Facultad de Economía y Empresa, despacho 368, 33006, Oviedo, Asturias. Correo electrónico: perezgcristian@uniovi.es.

digios de la medicina. En nuestros días, en cambio, parte de lo extraordinario de tales historias se ha desvanecido, a medida que han irrumpido avances científicos en sí mismos extraordinarios. Así, por ejemplo, ocurrió cuando el doctor Alexander FLEMING descubrió de manera definitiva la penicilina, que facilitó que los antibióticos se difundiesen y empleasen de manera suficiente, o cuando los químicos Fritz HABER y Carl BOSCH desarrollaron el proceso de Haber-Bosch, que hizo posible producir amoníaco de manera industrial; hoy son muchas menos que antaño las muertes por infecciones y un tercio de la producción agrícola mundial es posible sólo merced a los fertilizantes basados en amoníaco.

La nueva medicina ha hecho leves las enfermedades más graves y tan sólo incapacitantes las que eran mortales. En esto, empero, radica el problema que nos ocupa. En estadios más primitivos de la historia humana, cuando la medicina era más rudimentaria y aún mataba tanto como sanaba, la vida de una persona solía desarrollarse toda ella en plena salud, pues lo normal era que tan pronto como le sobreviniese la enfermedad, con ella lo hiciese asimismo la muerte. Ahora, en cambio, la muerte acostumbra a llegar tras largo tiempo de convalecencia. Este lapso da lugar a una distinción conceptual que en otro tiempo habría sido ociosa, pero que hoy resulta muy aguda.

El profesor Roger CAMPIONE distingue la vida biológica y la vida biográfica (CAMPIONE, 2014). La biológica es la vida del ser humano en tanto que organismo, es decir, lo que sucede mientras el cuerpo conserva las constantes vitales; la biográfica, en cambio, es la vida del ser humano en tanto que persona, en tanto que criatura relacional o, en definitiva, en tanto que haya algo significativo de lo que dar cuenta[19]. En tiempos no muy lejanos, la letal enfermedad que impediría el desarrollo de la biografía solía golpear con igual eficacia el soporte biológico. Hoy, por el contrario, la medicina permite que los cuerpos resistan lo suficiente como para no hacer crisis, pero no evita que hagan aguas.

Este ambivalente progreso científico, como muestra el profesor CAMPIONE, ha generalizado un fenómeno otrora marginal. Las enfermedades no letales, pero sí incapacitantes, han traído consigo el clamor de personas que, pudiendo vivir, no encuentran ya motivo para ello. Es fácil comprender, por ejemplo, que no encuentre propósito para

---

19   En el materialismo filosófico de Gustavo BUENO se observa un paralelismo con la doctrina expuesta por el Prof. CAMPIONE: se diferencian, por un lado, el individuo de la especie humana, que puede morir, y, por otro lado, la persona humana, que puede fallecer. *Vid.* ALVARGONZÁLEZ RODRÍGUEZ, 2020: 166-171.

   Cristián Pérez García

su vida un paciente de ELA en estado terminal, en especial habida cuenta del lacerante abandono que sus enfermos han padecido en España[20]. Casos hay que llenan de esperanza, como el de Paul Alexander, que durante 72 años, desde que a los seis quedó tetrapléjico por causa de la poliomielitis, vivió feliz y esperanzado dentro de un pulmón de acero[21]. El suyo no es, empero, el caso que sirve de norma. Por lo general, una vez que la persona entiende terminada su vida biográfica, la desesperanza se sigue sola y, con ella, sobrevienen el desapego y hasta el rechazo de la vida biológica. Sobreviene, en fin, la creencia funesta de que la vida es una carga para uno y de que uno es una carga para los demás. En definitiva, se trata del problema fundamental de la filosofía, como decía Camus (2012), y no podemos menos que comprender que, cualquiera que sea la solución a que cada quién llegue, quiera, por mera coherencia, llevarla a cabo.

A este fin pretende servir, según se dice, la ley de eutanasia[22]: poner término a una vida biológica que ha perdido su paralelo en la vida biográfica. El objeto de las leyes no es definir, sino prescribir. En este caso, la LO 3/2021 se desempeña con gran eficacia. Si bien el concepto de eutanasia a los efectos de la ley no se define, pues, en momento alguno, podemos abstraer sus elementos esenciales del texto con el que se tipifica el llamado "derecho". Así dice su artículo 4.1:

> *"Se reconoce el derecho de toda persona que cumpla los requisitos previstos en esta Ley a solicitar y recibir la prestación de ayuda para morir".*

Los elementos conjugados en la eutanasia de la LO 3/2021 son dos: por un lado, una persona, el *"eutanasiado"*, que tiene la voluntad de poner fin a su vida, es decir, de causar su propia muerte; por otro lado, la intención del eutanasiado de llevar a cabo tal propósito merced al auxilio de otra persona, el *"eutanasiante"*. Estas notas nos

---

20   *Vid.* la «Ley 3/2024, de 30 de octubre, para mejorar la calidad de vida de personas con Esclerosis Lateral Amiotrófica y otras enfermedades o procesos de alta complejidad y curso irreversible», en *BOE*, núm. 263, 31 oct. 2024. Nótese el hecho, evidente por demás, de que tal ley ni era necesaria ni es suficiente para dar una ayuda digna a los pacientes de ELA, para lo que tan sólo eran precisos financiación y medios, esto es, presupuesto. Queden a un lado consideraciones sobre la cuestión de que la ley de eutanasia se promulgase tres años antes que la de la ELA, hecho del que el lector podrá sacar sus propias conclusiones.

21   *Vid.*, por todos, Snowdon, 2024.

22   «Ley Orgánica 3/2021, de 24 de marzo, de regulación de la eutanasia», en *BOE*, número 72, 25 mar. 2021 (en adelante, sólo «LO 3/2021» o «ley de eutanasia»).

permiten distinguir la eutanasia de la LO 3/2021 de otros actos con que tan sólo comparte nombre. La voluntad de morir del eutanasiado permite diferenciar, por un lado, los casos que tipifica y regula la ley de eutanasia, en los que la voluntad del eutanasiado concurre de manera fehaciente, y, por otro lado, los casos de homicidio piadoso[23], en los que no concurre la voluntad de morir del eutanasiado por hallarse, por ejemplo, en coma o en alguna otra situación que lo incapacite para comunicarse. Tampoco se tome en consideración la llamada "eutanasia procesal" de la que hablaba Gustavo Bueno y que, más allá de la retórica, parece más compartir lecho con la cuestión de la pena de muerte que con la que ahora nos ocupa[24].

Muy al contrario, el elemento volitivo del eutanasiado convierte la eutanasia de la LO 3/2021 en una especie del suicidio. La nota esencial básica de un suicidio es la voluntad de una persona de poner fin con actos a su propia vida. La autoría primera del suicidio es siempre, pues, del que ha de fallecer. Empero, ello no implica que haya de ser él quien lleve a cabo tales actos. En función de quién sea el agente de esta autoría segunda podemos distinguir el suicidio inmediato y el suicidio mediato. El suicidio inmediato es el caso en que una persona tiene la voluntad de morir y ejecuta por sí misma acciones encaminadas a lograrlo; el suicidio mediato es el caso en que una persona tiene la voluntad de morir, pero es otra quien, con la intención de cumplir la voluntad de aquélla, realiza los actos a ello tendentes. Por tanto, por un lado está lo que se suele denominar, sin calificativos, "suicidio", realizado de manera inmediata por el suicida, y por otro lado está el llamado "suicidio asistido", que es el caso tipificado en la ley de eutanasia, en que el suicida, actuando como eutanasiado, se vale de un eutanasiante que le sirve como ejecutor de su voluntad y medio para alcanzar su fin[25].

La eutanasia, si tan sólo atendemos a su etimología, es un bien. Procurar que toda persona logre en el término de su vida una buena muerte es una cuestión de decencia humana básica y nadie consta en la historia que haya deseado para sí una mala muerte. En este sen-

---

23 Estos casos se reconducen con facilidad al tipo legal si el eutanasiado ha hecho constar su voluntad de una manera fehaciente, como sucede, por ejemplo, con el testamento vital, lo que conlleva sus propios problemas. *Vid.* Campione, 2014.

24 *Vid., v. gr.,* Bueno Martínez, 2002, y *cf.,* a modo de resumen, Alvargonzález Rodríguez, 2020: 178-184; Cabo, 2004; *id.,* 2006.

25 Esto implica un cambio substancial en el "ethos médico": aparte de "las acciones de tipo terapéutico que típicamente ha realizado", el médico se ve forzado ahora a "ofrecer también la muerte" (Svensson, 2025c).

    Cristián Pérez García

tido, la eutanasia, *in abstracto*, es un tema pacífico sobre el que no cabe problematizar; cabe, por el contrario, muy razonable discusión en torno a la eutanasia *in concreto*, es decir, a qué se ha de entender por "buena muerte" o, dicho en román paladino, a qué quiere decir cada uno cuando dice "eutanasia". Sin embargo, estas discusiones son tarea menor si se les yuxtapone otra que les es condición misma de existencia. Sea lo que sea lo que cada uno entendamos por buena muerte, todos estamos de acuerdo en que debe procurarse, es decir, en que deben disponerse los medios a tal fin necesarios. Esto, *a sensu contrario*, implica rechazar los medios inválidos, subóptimos, inidóneos, esto es, los que no pueden procurar una buena muerte, sea como sea que ésta se defina. La cuestión que nos preocupa, pues, es la de si la configuración legal de la eutanasia como un derecho al suicidio es un vehículo legislativo óptimo, válido siquiera, para lograr una muerte que pueda de algún modo tenerse por buena.

Se atribuye a KELSEN la afirmación de que el derecho no puede ocuparse de lo necesario ni de lo imposible. No se trata de uno de los muchos axiomas kelsenianos que tan sólo pueden subsistir en la depurada atmósfera de su teoría, sino de una de las pocas leyes de hierro que existen en el derecho. Una lectura superficial podría llevar a concluir que el derecho no se puede ocupar de lo necesario ni de lo imposible porque lo necesario ocurre aunque no se obligue y lo imposible no ocurre aunque no se prohíba, de suerte que el derecho sería, en tales casos, superfluo. Esto, como decimos, es un entendimiento superficial y muy alejado de la tesis kelseniana. Cuando KELSEN dice que el derecho no puede ocuparse de lo necesario ni de lo imposible quiere decir, en un sentido radical, que es imposible que eso suceda.

Esto sólo puede entenderse si se comprende, por un lado, la teoría básica de la norma y, por otro, una idea siquiera elemental de los modos aléticos: lo posible, que puede ser; lo imposible, que no puede ser, y lo necesario, que no puede no ser. Como enseña KELSEN, toda norma es una imputación. Lo que se imputa es aquello que se debe hacer, el objeto del deber, lo debido. Ahora bien, para que lo debido pueda deber ser es preciso que aún no sea. Nótese que tan sólo se puede hacer lo que aún no se ha hecho, pues lo que está ya hecho puede, a lo sumo, conservarse o destruirse, mas no hacerse, pues, según se ha dicho, está hecho ya. Por ejemplo, tan sólo puede ir a un cierto lugar quien aún no está allí; quien ya está puede permanecer en él, pero no ir, por la precisa razón de que ya se encuentra allí. Por tanto, yendo un paso más allá, sólo se puede deber hacer lo que aún no se ha hecho, del mismo modo que sólo puede deber ir a un lugar quien puede ir a él, es decir, quien aún no se encuentra allí. La posibilidad de ser se basa en no ser y, por lo mismo, en no ser se basa el deber ser. Lejos de lo que sugiere la falaz falacia naturalista, no se pretende derivar el deber ser del ser, pues de donde deriva el deber ser es, muy al contrario, del no ser. En términos aristotélicos elementales, el deber ser implica una actualización, un movimiento de la potencia al acto, del no ser al ser. El deber existe porque algo no es y para que algo sea. Esto, sin embargo, sólo es posible en uno de los tres modos aléticos. Lo necesario no puede no ser, ergo está en acto, sin que haya una potencia que actualizar; lo imposible no puede ser, ergo tampoco se puede actualizar, aunque sea por la razón contraria. En ambos casos, el problema es que no es posible dar el paso del no ser al ser, ora por estar ya el ser en acto, ora por hallarse anclado en el no ser. La actualización que sirve de base a lo jurídico sólo puede realizarse en el modo de lo posible, que es el único que permite el movimiento del no ser al ser. El deber es una estructura metafísica montada sobre la posibilidad para forzar la actualización de una potencia; el deber sirve para convertir en hecho lo posible.

Esta reflexión general sobre lo jurídico puede aplicarse al particular caso de la decisión. Si lo jurídico está circunscrito, como es pacífico considerar, al ámbito de lo posible, entonces todo cuanto pretenda retener tal nota de juridicidad deberá mantenerse dentro de los contornos de la posibilidad. Por consiguiente, toda decisión que se pretenda jurídica, esto es, válida en derecho, debe ser, en un sentido ontológico, libre[26]. Esto constituye uno de los principios naturales básicos de la teoría de contratos y, en consecuencia, es a lo que se atiene nuestra legislación civil[27]. Por decisión libre se entiende, si nos limitamos a las cautelas del derecho positivo, aquélla en que no media coacción de forma alguna sobre el decisor y, si nos extendemos a lo esencial, aquélla en que, aun tomándose una determinación y no otra, tal otra es también una determinación posible. Lo que marca la libertad de una decisión es la capacidad del decisor para no determinarse por el objeto de tal decisión, sino por otro distinto, aunque al cabo haya de hacerlo por alguno de ambos. La libertad de

---

26   Por más interesante que resulte la cuestión de la libertad en términos políticos, la presente discusión trata sobre la nuclear y radical libertad de la voluntad en un sentido ontológico, no sobre la subsiguiente libertad del miembro de la comunidad política, que en nada atañe al problema metafísico que aquí estudiamos. Sobre la importancia de esta libertad ontológica en lo moral, en general, y en lo jurídico, en particular, *vid.*, a simple modo de muestra, FERRER SANTOS, 1982: 94 y KRIELE, 1982: 41-42.

27   *Vid., v. gr.*, los arts. 1261 y 1262-1270 CC, con esp. atención al art. 1265 CC.

    Cristián Pérez García

una decisión radica en haber podido decir "no" cuando se dijo "sí", aunque al fin fuese, de hecho, "sí" y no "no" lo que se dijo. En definitiva, uno sólo es libre para hacer cuando puede no hacer. Cuanto más constreñido esté dentro de sus posibilidades, menos libre será la decisión, hasta la ruptura radical que se da cuando el objeto de la decisión se vuelve necesario, ergo inevitable, en lugar de tan sólo posible, ergo tan sólo elegible.

Entre los elementos de la decisión jurídica está, pues, la posibilidad de que el decisor se determine por su objeto, siendo, por tanto, posible asimismo que se determine por su contrario. No sería jurídica la decisión en que tal determinación fuese, en términos modales, necesaria; de hecho, dejaremos a un lado la cuestión de si sería, siquiera, una decisión. Ahora bien, esto no tiene nada que ver con la reversibilidad de los actos que resulten, como efecto, de la decisión. Que una decisión sea irreversible en sus efectos no significa que no sea libre ella misma, ergo que no pueda ser jurídica. La juridicidad de una decisión radica en su causa y no en sus efectos, es decir, en la libre aceptación de su objeto y no en la reversibilidad de los actos a que tal aceptación, de ser consecuentes con ella, aboque. El matrimonio, por ejemplo, es irreversible, pues es vitalicio, pero no por ello deja de ser un acto jurídico, producto de una previa decisión, a fuer de libre, jurídica[28]. Piénsese que tanto la nulidad matrimonial cuanto el divorcio tienen una retórica muy distinta de la de la reversibilidad. La declaración de nulidad implica que el matrimonio no ha llegado siquiera a existir, por causa de algún vicio primigenio incompatible con su mera existencia[29], ergo no se puede desatar el nudo porque no hay, para empezar, nudo alguno que desatar; los efectos *ex tunc* de la declaración ponen de manifiesto que no existe ni existió jamás ningún *iter* que revertir. El divorcio, por su parte, se propone con retórica de disolución matrimonial[30], es decir, con efectos *ex nunc*, proyectados hacia el futuro, sin pretenderse en momento alguno que se revierta el matrimonio mismo; no se pretende desatar, pues, un nudo que se sabe gordiano, sino cortarlo. En ambos casos, no se pretende revertir el matrimonio, que se asume irreversible, y, sin em-

---

28   Lo dicho *infra* sobre el matrimonio viene a propósito del contrato matrimonial en su nudo sentido civil, sin que se precise más concurso que el del derecho positivo y la inteligencia para derivar las conclusiones oportunas; la legislación canónica se cita tan sólo *a fortiori et ad abundantiam*, como testigo cierto de la verdad que encierra la legislación civil, que es de la que aquí se trata.

29   *Vid*. arts. 73 y ss. CC y cann. 1055-1057 y 1134 CIC, con ref. a los cann. 1671-1691 CIC.

30   *Vid*. arts. 85 y ss. CC.

bargo, sí se pretende realizar alguna actuación de carácter jurídico en relación con él, por la precisa razón de que, aun sabiéndolo irreversible, se lo sabe también existente como una entidad jurídica real. Lo que importa para determinar la juridicidad del matrimonio es la libertad de decisión de los cónyuges, no la inexistente reversibilidad de la unión resultante, que, por propio consentimiento, los esposos han aceptado como vitalicia.

No por ser irreversible en sus efectos deja el contrato matrimonial de ser un acto jurídico de absoluta validez. Lo importante no es la reversibilidad del efecto, sino de la causa. La decisión retendrá su condición jurídica mientras su objeto siga siendo tan sólo posible, es decir, mientras pueda aún rechazarse éste y aceptarse su contrario, a pesar de que tal cosa se realice apenas en el fuero interno y no tenga efecto real alguno. Si una decisión es libre por la posibilidad de determinarse la voluntad por uno u otro objeto, entonces seguirá siendo libre mientras subsista esta posibilidad, aunque ya se haya hecho una primera determinación y, perfeccionado el acto, se hayan resuelto algunos efectos. La libertad de la decisión radica no sólo en poder elegir *a priori*, sino también, como corolario, en poder desvincularse *a posteriori* y seguir pudiendo elegir; en que una vez realizada una determinación de la voluntad, aunque no puedan revertirse los efectos derivados de ella, sí pueda aún revertirse la determinación misma. La decisión permanece como posible en el fuero interno de la persona, de suerte que sigue siendo cabal tenerla por libre, ergo asimismo por jurídica, aunque nada se pueda hacer ya en lo que respecta a sus efectos. En definitiva, la libertad radical de una decisión se fundamenta en la posibilidad de arrepentirse. El matrimonio es un acto jurídico libre en un sentido tan radical que, incluso cuando la decisión se ha perfeccionado y se ha celebrado ya el contrato en forma válida, esto es, cuando sus efectos son irreversibles, los cónyuges pueden aún romper en su fuero interno con su determinación original y, revirtiendo la causa, determinarse por el objeto contrario, es decir, pueden arrepentirse de haberse casado. Ésta es, de hecho, la causa de todos los divorcios.

El evidente problema de la eutanasia a efectos jurídicos radica en que es imposible arrepentirse de ella. El llamado "derecho" al suicidio, mediato o inmediato, pertenece a un peculiar grupo de decisiones que son libres tan sólo hasta que se perfecciona su objeto, momento en que, en virtud de tal perfección, el arrepentimiento del decisor se vuelve imposible y la decisión, necesaria. Llamamos "transubstanciación modal de la voluntad" al proceso metafísico al que se somete la voluntad humana cuando ésta se determina, mediante su libre arbitrio, por un cierto objeto cuyo deseo le es tan sólo posible y, una vez perfeccionado éste, *ipso facto*, tal perfección priva a la voluntad de la potencia de mudar su objeto, de suerte que el deseo se vuelve necesario, el arrepentimiento se vuelve imposible y la voluntad, en apariencia aún libre, se vuelve esclava. Por tal motivo se llama a esto, por analogía, "transubstanciación", pues, al igual que sucede en el altar, permanecen los accidentes a ojos de todo el mundo, mientras que la substancia muda por completo; la decisión parece libre, pues con libertad se creyó tomar en principio, pero no lo es en realidad, pues desde el momento mismo de su perfección retiene al decisor como capturado.

Podemos diferenciar tres especies en las decisiones transmodales[31], en función del grado en que afecten a la persona: las que tan sólo afectan, de manera directa, a la voluntad; las que afectan, de manera directa, al entendimiento, y a la voluntad sólo merced a la consecuencia lógica, y las que afectan a la existencia misma de la persona.

El nivel más bajo de afectación se da cuando la raíz del proceso transubstanciador no se hunde más allá de la propia voluntad. En un foro muy diverso del presente, el doctor Thomas Szasz hablaba de "nuestro derecho a las drogas"[32]. Si lo tomamos, empero, en un sentido metafísico y no tan sólo político, no podemos menos que negar que exista tal derecho. El amplísimo conjunto de heterogéneas sustancias que, sin orden ni criterio definidos, se suelen calificar como "drogas" tiene por nota característica, mas no propia ni exclusiva, la capacidad para provocar, en mayor o menor grado, un estado de adicción en quien las consume. Así, quien entra en la espiral del consumo de drogas queda atrapado en ella por medio de la adicción. La decisión de consumir drogas parece libre, pues con libertad parece iniciarse el consumo, pero no lo es, pues, una vez que de él se deriva la adicción, la persona halla anulada su capacidad para rechazar las subsiguientes ocasiones en que, con su voluntad doblegada, se ve abocada a consumir. El consumidor de drogas, pudiendo decir "no", quiere decir "sí", pero, una vez devenido adicto, ni querrá decir "sí" ni podrá decir "no". Por tanto, la decisión de consumir drogas no es, *a radice*, libre.

---

31   Debemos y agradecemos a Miguel DE Asís PULIDO, generoso lector de estas líneas, el concepto de "acto transmodal", del que derivamos como causa el de "decisión transmodal", que son, de manera respectiva, el acto y la decisión que conducen a la voluntad a sufrir una transubstanciación modal.

32   *Vid.* SZASZ, 1996.

Supongamos, *a fortiori*, el caso de un delincuente sexual que, arrepentido, pide que lo sometan a un proceso de castración química. Ahora bien, es el efecto propio de la castración química y, de hecho, el deseado en tales casos anular por completo la libido de aquél a quien se le administra. Anulada la libido, queda la persona como emasculada, con su deseo sexual extirpado de raíz, de suerte que queda privada de la condición misma de posibilidad de desear, de manera circular, el propio deseo sexual. Puesto que *quidquid recipitur ad modum recipientis recipitur*, para que una persona pueda desear tener un cierto deseo sexual es necesario que tenga, como mero principio, un mínimo elemento sexual en su personalidad, sobre cuya base poder aspirar a una forma de deseo más perfecta. La persona reducida al estado de asexualidad completa permanece tan ajena al fenómeno sexual que, por no tener, no tiene ni la capacidad de anhelar lo que no tiene, pues tal capacidad implicaría ya una mínima tensión vectorial hacia lo sexual de la que, por definición, carece. Por consiguiente, la decisión del delincuente sexual de someterse a una castración química tampoco puede tenerse por libre ni jurídica, pues el hecho mismo de verse sometido con éxito a tal proceso le impediría arrepentirse y, privado de toda tensión sexual, lo tornaría incapaz de extrañar su original estado.

El nivel intermedio se da cuando la transubstanciación modal de la voluntad arraiga en el entendimiento de la persona. Puesto que las posibilidades son muchas y todas ellas son válidas, nos limitaremos, por su claridad e interés, a examinar la afección de la memoria. En qué pueda consistir tal supuesto se ve con toda claridad, por ejemplo, en la película *Eternal sunshine of the spotless mind* (2004), dirigida por Michel Gondry y protagonizada por Jim Carrey. En el universo cinematográfico de la historia, existe una empresa especializada en borrar recuerdos concretos de personas, objetos, lugares o eventos. El protagonista contrata sus servicios para que le borren el recuerdo de una mujer. A partir de este punto, toda la película desarrolla el flébil proceso de arrepentimiento intempestivo del protagonista, que culmina con un clímax de amnesia. Como es natural, la empresa no sólo borra el recuerdo que el cliente desea borrar, sino también el recuerdo mismo de haber contratado sus servicios, de suerte que, al cabo, el cliente no sólo no recuerda lo que quería olvidar, sino que, más aún, ni siquiera recuerda haber olvidado algo. Por supuesto, esto hace imposible que se arrepienta.

Si bien es cierto que lo descrito es un supuesto ficticio, no menos cierto es que a la ciencia ficción el tiempo la suele dejar en buen lugar, como

 Cristián Pérez García

simple ciencia. En el caso que nos atañe, sabemos que un equipo de investigadores ha logrado borrar un recuerdo a un caracol marino del género *Aplysia* (Hu *et al.*, 2017). El proceso es el mismo que se describe en *Eternal sunshine*; de momento, tan sólo cambia el sujeto. Empero, si se quiere conservar el elemento humano al precio de una menor sofisticación, no olvidemos que hasta hace apenas unas décadas la lobotomía cerebral era el procedimiento psicoquirúrgico más popular para tratar enfermedades psiquiátricas y, por lo mismo, causar otras neurológicas. En cualquier caso, así en el de la tradicional lobotomía como en el de la aún futurista amnesia selectiva, quienquiera que reivindicase su derecho a someterse a alguno de estos procedimientos perdería la capacidad de arrepentirse de ello tan pronto como su deseo se llevase a efecto, de suerte que quedaría, entonces, cautivo de su decisión, sin libertad para romper con ella. No son, pues, decisiones libres en un sentido pleno, no porque no pueda la persona rechazar la decisión que tomó, sino porque, para empezar, no puede recordar siquiera haberla tomado.

El nivel superior de impacción de la transubstanciación modal de la voluntad se da cuando hunde ésta sus raíces en la existencia misma de la persona, que, consumida por completo, se inmola junto con sus facultades espirituales en un proceso de corrupción total. Es el caso del suicidio y, por tanto, el de la eutanasia. Es evidente y huelga decir por qué no puede arrepentirse el eutanasiado una vez que se ha perfeccionado el objeto de su voluntad. A decir verdad, no importa siquiera si se sostiene una cosmovisión realista o materialista, pues ambas concluyen lo mismo: el alma humana es espíritu puro, ergo simple e incapaz de mudar, de suerte que si existe, entonces tan pronto como se separe del cuerpo perderá la capacidad de arrepentirse, y si no existe, entonces tampoco quedará cosa alguna que se pueda arrepentir (ALVARGONZÁLEZ RODRÍGUEZ, 2020: 174); en ambos casos, podemos concluir el apotegma, obvio por demás, de que los muertos no se arrepienten. Una vez perfeccionada, la decisión de la eutanasia se cristaliza por toda la eternidad en una determinación irreversible en su causa misma, sin que pueda la persona arrepentirse ni adoptar con su originaria libertad una determinación alternativa. El mal llamado "derecho" inmolatorio de la eutanasia no puede ser tal porque la decisión de ejercerlo no es, en un sentido radical, libre, ergo no puede ser jurídica.

Configurada, empero, la eutanasia como si fuese un derecho, "permanecer en vida [pasa] a ser fruto de una elección, no la posición por defecto" (SVENSSON, 2025a). Cabe, pues, que nos preguntemos si "es compatible la prevención del suicidio con simultáneamente ofrecer ayuda para quien quiera practicarlo por el hecho de estar gravemente enfermo" (*id.*, 2025b), si quien ve en su vida una carga para sí y en sí una carga para los demás (*id.*, 2025c) no verá asimismo en la eutanasia una salida que la ley misma le invita a cruzar (*id.*, 2025b). Parece oportuno que antes de meditar sobre las normas nos detengamos a meditar sobre aquéllos para quienes se hacen: "¿Qué es afirmar al que estando enfermo declara ser ya solo una carga? ¿Se le afirma confirmando esa impresión o se le afirma más bien negándola?" (*id.*, 2025c). No ayudamos a la persona desesperada empujándola al abismo al que se asoma, sino dándole esperanza con que colmarlo hasta rebosar.

En fin, el problema no es la eutanasia misma, que en un sentido muy genérico es cuestión en la que, parafraseando a MARITAIN, podemos estar todos de acuerdo a condición de que no se nos pregunte por qué. El problema es el concreto instrumento jurídico que se ha elegido para llevarla a cabo, a saber, su configuración como un derecho al suicidio asistido, que, de tenerse en verdad por tal, no sería otra cosa que el suicidio mismo del derecho, eviscerado su fundamento ontológico en el cruento altar del positivismo.

BIBLIOGRAFÍA

ALVARGONZÁLEZ RODRÍGUEZ, David (2020), "La muerte en el materialismo filosófico de Gustavo Bueno", en *Claridades. Revista de filosofía*, vol. 12, núm. 1, pp. 161-188.

BUENO MARTÍNEZ, Gustavo (2002), "Eutanasia", en *La montaña mágica*. Disponible en <https://www.fgbueno.es/med/2002gb04.htm>, 23 de agosto de 2002.

CABO, José Antonio (2006), "Rectificación final sobre la eutanasia procesal", en *El catoblepas. Revista crítica del presente*, núm. 52, p. 17.

— (2004), "Sobre la 'Eutanasia procesal'", en *El catoblepas. Revista crítica del presente*, núm. 27, p. 15.

Campione, Roger (2014), "De la importancia de decidir sobre la muerte", en *TEDxGijón*. Disponible en <https://www.youtube.com/watch?v=kOEgXaB7kyQ>, mayo de 2014.

Camus, Albert (2012), *El mito de Sísifo*. Madrid: Alianza.

Ferrer Santos, Urbano (1982), "Los valores en el ámbito jurídico", en *Persona y derecho. Revista de fundamentación de las instituciones jurídicas y de derechos humanos*, núm. 9, pp. 93-102.

Hu, Jiangyuan, Ferguson, Larissa, Adler, Kerry, Farah, Carole Abi, Hastings, Margaret H., Sossin, Wayne S., & Schacher, Samuel (2017), "Selective erasure of distinct forms of long-term synaptic plasticity underlying different forms of memory in the same postsynaptic neuron", en *Current biology*, vol. 27, núm. 13, pp. 1888-1899.e1-e4.

(San) Juan Pablo II, constitución apostólica *Sacrae disciplinae leges*, de 25 de enero de 1983, en *Acta Apostolicae Sedis*, vol. LXXV, par. II, 1983, pp. VII-XIV. Disponible en <https://www.vatican.va/content/john-paul-ii/es/apost_constitutions/documents/hf_jp-ii_apc_25011983_sacrae-disciplinae-leges.html>.

"Codex Iuris Canonici", en *Acta Apostolicae Sedis*, vol. LXXV, par. II, 1983, pp. 1-324. Disponible en <https://www.vatican.va/archive/cod-iuris-canonici/cic_index_sp.html>.

Kriele, Martin (1982), "Libertad y dignidad de la persona humana", trad. de José María Beneyto Pérez, en *Persona y derecho. Revista de fundamentación de las instituciones jurídicas y de derechos humanos*, núm. 9, pp. 39-46.

"Ley 3/2024, de 30 de octubre, para mejorar la calidad de vida de personas con Esclerosis Lateral Amiotrófica y otras enfermedades o procesos de alta complejidad y curso irreversible", en *Boletín oficial del estado*, núm. 263, 31 de octubre de 2024. Disponible en <https://www.boe.es/eli/es/l/2024/10/30/3/con>.

"Ley Orgánica 3/2021, de 24 de marzo, de regulación de la eutanasia", en *Boletín oficial del estado*, núm. 72, 25 de marzo de 2021. Disponible en <https://www.boe.es/eli/es/lo/2021/03/24/3/con>.

"Real Decreto de 24 de julio de 1889 por el que se publica el Código Civil", en *Gaceta de Madrid*, número 206, 25 de julio de 1889. Disponible en <https://www.boe.es/eli/es/rd/1889/07/24/(1)/con>.

Snowdon, Catherine (2024), "The man in the iron lung: How Paul Alexander lived life to the full", en *BBC News*. Disponible en <https://www.bbc.com/news/health-68627630>, 24 de marzo de 2024.

Svensson, Carl Manfred (2025a), "La lógica de la eutanasia, una respuesta a Benjamín Gajardo", en *Bio Bio Chile*. Disponible en <https://www.biobiochile.cl/noticias/opinion/tu-voz/2025/09/25/la-logica-de-la-eutanasia-una-respuesta-a-benjamin-gajardo.shtml>, 25 de septiembre de 2025.

— (2025b), "Diez razones contra la eutanasia", en *Bio Bio Chile*. Disponible en <https://www.biobiochile.cl/noticias/opinion/tu-voz/2025/09/10/diez-razones-contra-la-eutanasia.shtml>, 10 de septiembre de 2025.

— (2025c), "Trans y eutanasia", en *La Segunda*. Disponible en <https://www.ieschile.cl/columna/trans-y-eutanasia-17574>, 8 de septiembre de 2025.

Szasz, Thomas Istvan (1996), *Our right to drugs. The case for a free market*. Siracusa: Syracuse University Press.

CAPÍTULO CUARTO.

LA CONFIGURACIÓN DE LOS DERECHOS
FUNDAMENTALES EN LA ERA DIGITAL: EJEMPLOS
DE APLICACIÓN EN LA SALUD DIGITAL

LA CONFIGURACIÓN DE LOS DERECHOS FUNDAMENTALES EN LA ERA DIGITAL: EJEMPLOS DE APLICACIÓN EN LA SALUD DIGITAL

Laura Centeno Casado
Investigadora Predoctoral, Instituto de Filosofía CSIC, Facultad de Derecho, Universidad de Murcia.

Sumario: 1. La evolución de los derechos fundamentales en la era digital. 2. Dignidad, vida e integridad de la persona en el contexto digital. 3. El modelo de europeo en materia de protección de datos. 4. La gestión de los datos sanitarios y su impacto en los derechos fundamentales de los pacientes. 5. El derecho a la salud y el espacio europeo de datos sanitarios. 6. Conclusiones. Bibliografía.

1. LA EVOLUCIÓN DE LOS DERECHOS FUNDAMENTALES EN LA ERA DIGITAL

La era digital ha transformado radicalmente la sociedad, planteando desafíos inéditos a la configuración y protección de los derechos fundamentales. Aunque los derechos humanos y las nuevas tecnologías no son fenómenos ajenos, su configuración jurídica difiere, con distintas vinculaciones, organismos y obligaciones. En este escenario, la protección de los individuos, especialmente en un contexto de vulnerabilidad del que cualquier persona es susceptible, la salud, requiere una comprensión profunda de las normas e instrumentos jurídicos vinculantes con los que se puede contar. La rápida evolución de la investigación científica, las invenciones y las tecnologías digitales, exigen asegurar que el marco normativo actual proteja los derechos individuales y colectivos de las personas, así como, los valores constitucionales que sustentan la convivencia. La base permanente y única de los derechos es la persona y su dignidad. Este capítulo pretende abordar la compleja interacción entre los derechos fundamentales y las nuevas tecnologías en la era digital, con un enfoque particular en la Carta de Derechos Fundamentales de la Unión Europea y, la salud digital, como estudio de caso paradigmático.

Se comenzará recalcando la distinción entre derechos humanos y derechos fundamentales en este contexto. Primero, analizando cómo la normativa de la Unión Europea busca proteger aspectos clave como la dignidad humana, la integridad de la persona, la privacidad, la protección de datos y el derecho a la salud frente a los desafíos tecnológicos.

Poniendo el foco con más profundidad en la transformación digital de los sistemas sanitarios de la Unión Europea, se expondrán los cambios significativos que supone la implementación del Espacio Europeo de Datos Sanitarios (en adelante EEDS), que contribuirá a un mayor acceso y compartición de datos sanitarios, conduciendo a una reflexión sobre la importancia de conocer y ejercer los derechos ya existentes para garantizar una gobernanza ética y justa de la tecnología, especialmente si ésta puede afectar a nuestra salud.

En primer lugar, es necesario abordar la distinción jurídica que el Derecho de la Unión Europea hace entre «derechos fundamentales», (vinculados a la Carta de Derechos Fundamentales de la UE, con organismos y obligaciones de carácter específico) y «derechos humanos», (con un alcance más amplio e instrumentos internacionales como el Convenio Europeo de Derechos Humanos). Esta distinción es vital, ya que las nuevas tecnologías exigen marcos de protección jurídica concretos con distintas vinculaciones y obligaciones.

La Carta de Derechos Fundamentales de la Unión Europea es vinculante para las instituciones, órganos y organismos de la Unión Europea; teniendo un valor jurídico equivalente a los Tratados de la Unión Europea. Los Estados Miembros deben cumplir con la Carta cuando apliquen el Derecho de la Unión Europea, es decir, derecho derivado de las instituciones como son los reglamentos, las directivas y decisiones. Estos instrumentos deben ser aplicados de forma directa, transponerse o incorporarse por los Estados Miembros a nivel nacional, tal y como establece el artículo 51 de la Carta de Derechos Fundamentales de la Unión Europea.

De esta forma, los derechos fundamentales forman parte de un sistema jurídico cerrado, ya que, la Carta no amplía las competencias de la Unión Europea ni vincula a los Estados fuera del ámbito de las competencias que son propias de la Unión Europea.

A nivel nacional, en España podemos encontrar como fuente primaria de derechos fundamentales la Constitución Española, que establece derechos, pero también valores fundamentales para el orden político y la paz social, en los que se tiene en cuenta la dignidad de la persona, sus derechos inviolables inherentes, el libre desarrollo de la personalidad y el respeto a la ley.

En el contexto del entorno digital, España ha desarrollado un instrumento legal no vinculante; la Carta de Derechos Digitales, la cual a través de un diagnóstico y reconocimiento de los retos de adaptación de los derechos al entorno digital, sugiere principios y políticas de referencia para la acción de los poderes públicos. Entre los derechos perfilados, se incluyen derechos ya reconocidos o propuestos, como la protección de datos, el pseudonimato, la no discriminación, la ciberseguridad, y también la protección de la salud en el entorno digital, una propuesta especialmente relevante para lo que se pretende exponer en este capítulo.

La Carta de Derechos Digitales clasifica los derechos por distintas dimensiones que pueden afectar al ser humano en el contexto digital. En el caso de la dimensión de la libertad, se incluyen y se proponen aparte del ya establecido derecho a la protección de datos, el derecho a la identidad digital, el derecho al pseudonimato, el derecho a la ciberseguridad, y el derecho a la no localización y perfilado. En lo referente a propuestas que contribuyan a la igualdad, se incluye la no discriminación y el derecho de acceso a Internet. A su vez, la propuesta de la Carta de Derechos Digitales se extiende a entornos específicos concretos como es el caso dc los ámbitos laboral, el empresarial, y el caso concreto de la salud digital. Esto ha tenido un reflejo en la Estrategia de Salud Digital (ESD) del Sistema Nacional de Salud (SNS), el cual reconoce que la brecha digital puede plantear riesgos importantes en la reducción de desigualdades.

El desarrollo y la generalización de las tecnologías digitales y los espacios de interrelación que abren dan lugar a nuevos escenarios y conflictos. La Carta de Derechos Digitales no busca crear nuevos derechos fundamentales, sino perfilar los ya existentes en el entorno y los espacios digitales o describir derechos instrumentales o auxiliares de los primeros. Este es un proceso inherentemente dinámico debido a la constante evolución del entorno digital, sugiriendo principios y políticas de actuación por parte de los poderes públicos.

Es crucial entender que la configuración de los denominados «derechos digitales» no implica la creación de nuevos derechos fundamentales, sino más bien el perfilamiento de los derechos ya reconocidos en el entorno digital. La persona y su dignidad son la fuente permanente y única de estos derechos. No obstante, las nuevas tecnologías generan retos de aplicación e interpretación que requieren la adaptación del ordenamiento jurídico de forma vinculante.

2. DIGNIDAD, VIDA E INTEGRIDAD DE LA PERSONA EN EL CONTEXTO DIGITAL

La Carta de Derechos Fundamentales de la Unión Europea ya de por sí, establece principios y derechos esenciales que deben guiar la conexión de los ciudadanos con las nuevas tecnologías.

La Carta comienza resaltando en su primer artículo la dignidad humana, considerada inviolable. Este derecho debería ser el punto de partida para cualquier reflexión sobre la configuración de los derechos fundamentales en la era digital. La tecnología conlleva el riesgo de afectar la dignidad humana, lo que exige un diálogo interdisciplinar entre juristas, filósofos y otros actores.

En el caso del derecho a la vida del Artículo 2, este derecho puede verse alterado en el contexto de la salud digital ya que la tecnología permite incluso decidir qué tipo de vida se quiere generar.

Continuando la profundización de los artículos, el derecho a la integridad de la persona del Artículo 3, es paradigmático, tanto en la dimensión física como psíquica, en las nuevas tecnologías. Este derecho incorpora principios de la bioética y subraya que toda intervención que menoscabe la integridad física debe contar con consentimiento libre e informado. Esto incluye la prohibición de prácticas eugenésicas y la reflexión sobre el lucro generado por el cuerpo humano a través de datos (ej. relojes inteligentes). Un punto crucial es el impacto de la neurotecnología, capaz de procesar datos directamente relacionados con el cerebro. Esta última cuestión, plantea interrogantes que van más allá de lo jurídico, y que incluyen de traspasar la «barrera del pensamiento", tal y como se planteaba en la novela de George Orwell, "1984".

Estos nuevos horizontes abren la oportunidad de regular los supuestos y condiciones del empleo de las neurotecnologías que, más allá de la aplicación terapéutica, busquen el aumento cognitivo o la potenciación de las capacidades de las personas, garantizando la dignidad y la no discriminación. En áreas como la neurociencia y la genómica, se debe garantizar el respeto a la dignidad, la libre autodeterminación individual, la intimidad y la integridad de las personas, no solo por cuestiones jurídicas sino también bioéticas. La neurotecnología abre la puerta a amenazas sin precedentes para la dignidad de las personas y para los derechos humanos en su conjunto. La privacidad de nuestra mente es claramente uno de los valores clave en juego: las herramientas neuro tecnológicas son capaces de registrar y almacenar un gran volumen y variedad de datos mentales, a los que potencialmente pueden acceder terceros sin el consentimiento del individuo.

Otro aspecto interesante que es susceptible de afectar a la dignidad humana, son que, aquellos datos generados con dispositivos que miden constantes de nuestro cuerpo, como se ha indicado anteriormente en los relojes inteligentes; pueden llegar ser susceptible de ser objeto de lucro por parte de las empresas que los producen. Recordando nuevamente la prohibición de las prácticas eugenésicas del Artículo 3, y añadiendo la variable del objetivo de lucro del cuerpo humano o partes de este, se debe plantear si el lucro que obtienen las empresas de los datos generados por dispositivos médicos tiene en el contexto actual límites éticos claros en la monetización de datos corporales y biométricos; que estén reflejados en la normativa, para forzar el cumplimiento normativo dentro del respeto a los derechos de los usuarios, y por ende, de las personas.

Se debe partir de la premisa de que toda persona tiene derecho a que los sistemas digitales que utilice, o que traten sus datos o le presten servicios, posean las medidas de seguridad adecuadas para garantizar la integridad, confidencialidad, disponibilidad, resiliencia y autenticidad de la información y la disponibilidad de los servicios. En el corpus normativo de la Unión Europea se intenta al menos definir y garantizar esta premisa en los instrumentos normativos relativos al dato, su uso y su gobierno.

3. EL MODELO DE EUROPEO EN MATERIA DE PROTECCIÓN DE DATOS

La Unión Europea se distingue a nivel global por su robusto sistema de protección de datos. A diferencia de otras regiones (como Estados Unidos), la aplicación del derecho de la Unión Europea blinda la protección de datos de carácter personal (Artículo 8 de la Carta de Derechos Fundamentales de la UE) como un derecho fundamental y primario, diferenciado del derecho a la vida privada y familiar (Artículo 7 de la Carta).

Este blindaje se manifiesta a través del Reglamento (UE) 2016/679, General de Protección de Datos. Los datos personales se definen como toda información sobre una persona física identificada o identificable (el «interesado»). Los datos personales generados por dispositivos forman parte intrínseca de la identidad de la persona, y por ende caen dentro de la categoría de dato personal, incluso en el caso de la salud, los datos de categoría especial, que tienen mayores limitaciones para su tratamiento.

Los datos deben ser tratados respetando los principios de licitud, lealtad, transparencia, minimización, integridad, confidencialidad y limitación por la finalidad y el plazo de conservación, con garantías de protección desde el diseño y por defecto.

Un elemento fundamental es la protección de las categorías especiales de datos personales (Artículo 9 del RGPD), cuyo tratamiento está prohibido, salvo excepciones. Entre estos datos especialmente protegidos se encuentran los datos genéticos, datos biométricos, datos de salud, opiniones políticas y orientación sexual. Estos datos tienen el potencial de discriminar a la persona (Artículo 21 de la Carta).

Aquí se vuelve a comprobar cómo la Unión Europea diferencia el concepto de privacidad de otras regiones, ya que cuenta con un derecho propio reconocido como derecho fundamental conocido como el Derecho a la Protección de Datos Personales (Artículo 8 de la Carta). Esto la convierte en la única organización supranacional que cuenta con este derecho, complementado por el Artículo 7 que regula la vida privada y familiar.

El origen de este derecho fundamental se encuentra en el Artículo 16 del Tratado de Funcionamiento de la Unión Europea, el cual, sirvió de base para el desarrollo del Reglamento General de Protección de Datos (RGPD) y la Ley Orgánica 3/2018 de Protección de Datos y garantía de los derechos digitales en España, blindando la protección de datos a nivel de derecho fundamental y derecho primario.

La protección de datos se considera un derecho fundamental al mismo nivel que la dignidad humana. No obstante, el consentimiento explícito no es la única forma de obtener datos personales; existen otros fundamentos legítimos previstos por la ley como son el cumplimiento de una obligación legal, interés legítimo (en el caso de personas jurídicas del sector privado), interés público, como en el caso del ecosistema sanitario, siendo base legal en el ámbito de la salud pública o la investigación científica. A su vez, el caso de la salud incluye una base de legitimación del tratamiento de datos personales muy concreta, la del interés vital del interesado, que se utiliza para cuestiones de asistencia médica.

Estas justificaciones y restricciones a la hora de tratar datos personales van en consonancia con la a noción del dato como «el nuevo petróleo». El valor y el impacto que pueden tener los datos personales, genera la pregunta clave de «¿para qué y para quién?» es esta riqueza de información. El tratamiento de categorías especiales de datos tiene el potencial de discriminar, siendo los datos de salud una potencial razón de discriminación asociada a la edad, género o condición social. Las excepciones para el tratamiento de estas categorías especiales, establecidas en el artículo 9 del RGPD se basan en lo siguiente. En primer lugar, el consentimiento explícito del interesado, por otro lado, el interés vital del interesado u otra persona física (circunscrito únicamente a situaciones de emergencia), excepciones establecidas por la ley, como las relativas a la medicina preventiva, el diagnóstico médico, la asistencia sanitaria, o fines de investigación científica (con las garantías adecuadas). Por último, una de las excepciones, plantea preguntas y argumentos para el uso de los datos sanitarios que vayan más allá de la propia asistencia, y que podrían justificar ampliar el acceso y la compartición de los mismos. Esta base legal serían las razones de un interés público esencial.

A su vez, la Carta de Derechos Fundamentales blinda la protección contra la discriminación de personas en la prohibición de discriminación (Artículo 21 de la Carta), la cual, en el contexto digital, está intrínsecamente ligada al tratamiento de datos sensibles. Esta voluntad de proteger los posibles impactos en la aplicación del derecho de la Unión Europea que pueda plantear situaciones de discriminación directa o indirecta se refleja en el Reglamento (UE) 2024/1689 por el que se establecen normas armonizadas en materia de inteligencia artificial. En esta regulación se requiere que los sesgos algorítmicos se mitiguen, ya que estos a menudo provienen de datos sesgados que pueden perpetuar la discriminación basada en categorías sensibles (como el género o el origen étnico/racial). Es por ello, que cualquier sistema de Inteligencia Artificial que pueda generar potencialmente una vulneración de los derechos fundamentales, incluido el derecho a la protección de datos, será considerado de alto riesgo (Artículo 6 del Reglamento); y se le requiere para su implementación una serie de requisitos exhaustivos que incluirán una evaluación de impacto en los derechos fundamentales, haciendo necesaria así una reflexión por parte del que desarrolla el sistema y del que lo implementa de los riesgos que puede tener frente a las personas el uso de ese sistema de inteligencia artificial. La enumeración de los usos de esos sistemas se encuentra en el Anexo III del Reglamento de Inteligencia Artificial e incluye una gran variedad de usos que pueden ser introducidos en el ámbito de la salud.

En el caso de la Inteligencia Artificial, esos sesgos pueden amplificarse, ya que los sesgos de no residen en el sistema de Inteligencia Artificial en sí, sino en los datos sesgados con los que fue entrenada, lo que puede perpetuar la discriminación si la muestra no es representativa o tiene un sesgo sobre una categoría discriminatoria como el género o el origen étnico. Este caso vuelve a poner de manifiesto que el modelo de la Unión Europea es preventivo y garantista y fija en la naturaleza y el impacto que tiene el dato en el individuo, un indicador clave para fomentar y diseñar su normativa.

Dentro del caso concreto de los datos de salud, deben señalarse dos instrumentos del Derecho de la Unión, que complementan el Reglamento General de Protección de Datos. Por un lado, se ha de empezar introducir en el análisis jurídico de la gestión del tratamiento de los datos, el Reglamento (UE) 2022/868 relativo a la gobernanza europea de datos, especialmente para el sector público, que cuenta con grandes conjuntos de datos para objetivos como el ejercicio de las obligaciones legales inherentes a su naturaleza como administración pública. Por otra parte, será profundizado en secciones posteriores, el Reglamento (UE) 2025/327 relativo al Espacio Europeo de Datos de salud, el cual justifica el hecho de que haya sido la salud digital, el caso analizado en este capítulo.

Debe mencionarse en este aspecto nuevamente, la Carta de Derechos Digitales española, ya que, a nivel nacional, aunque sea un instrumento jurídico no vinculante, está siendo utilizada como marco de referencia para la acción de los poderes públicos y como indicador de si se están protegiendo los derechos de los usuarios. Además, los desarrollos tecnológicos, incluido el avance exponencial de la Inteligencia Artificial, deben contemplar la aplicación íntegra del principio de cumplimiento normativo desde el diseño, leyendo el Reglamento General de Protección de Datos y el Reglamento de Inteligencia Artificial de forma conjunta y complementaria.

A pesar de contar con herramientas jurídicas tanto en derecho primario de la Unión Europea con la Carta de Derechos Fundamentales de la Unión Europea; como de derecho secundario, como los reglamentos expuestos anteriormente, actualmente se percibe en la transformación digital de la salud; una tensión constante. Esa tensión se divide entre la alta protección jurídica que ofrece el marco europeo, y la necesidad de flexibilizar el acceso a datos para la investigación científica y el desarrollo tecnológico. El uso de los datos para el bien común, incluyendo la investigación científica o histórica, y la innovación y desarrollo, se considera un bien de interés general que puede contribuir enormemente a mejorar la calidad y la cantidad de los datos disponibles para investigación. Aunque los datos sanitarios proporcionan también información de gran valor, que, siendo utilizada para fines comerciales o de lucro, puede afectar de forma directa o indirecta a gran multitud de pacientes.

Para facilitar la reutilización de la información y el uso de datos (tanto personales como no personales), deben promoverse condiciones que garanticen que los datos estén en formato abierto y reutilizable, con pleno respeto al derecho a la protección de datos. Sin embargo, la investigación científica y tecnológica susceptible de repercutir en el ser humano, debe respetar la dignidad y la integridad de la persona, siendo éstas sus líneas de actuación principales en el tratamiento de los datos sanitarios.

4. LA GESTIÓN DE LOS DATOS SANITARIOS Y SU IMPACTO EN LOS DERECHOS FUNDAMENTALES DE LOS PACIENTES

La gestión de los datos sanitarios plantea desafíos complejos, especialmente por su sensibilidad, ya que son datos de categorías especiales como se ha comentado en la sección anterior. El proceso de digitalización de la sanidad implica abordar numerosos aspectos complejos relacionados con los derechos de los pacientes, el acceso a las tecnologías, los riesgos en la toma de decisiones, la medicalización innecesaria y los uso de los datos sanitarios más allá de los fines asistenciales.

La naturaleza de estos retos es diversa, pudiendo ser estos retos de naturaleza organizativa, semántica, técnica, etc. La heterogeneidad de los datos, la falta de calidad y la complejidad de los procedimientos (a veces resultando en meses de espera para acceder a datos) impiden agilizar la generación de conocimiento. Los datos deben estar lo más estructurados posible, lo cual requiere un gran esfuerzo en un sistema de salud fragmentado, que debe encontrar formas de gestionar datos sensibles, pero al mismo tiempo con capacidad de salvar vidas.

Para plantear soluciones a los diversos retos de la transformación digital de la salud, la Unión Europea ha decidido armonizar aspectos de los sistemas sanitarios a través de los datos, estableciendo a través del Reglamento (UE) 2025/327, el Espacio Europeo de Datos de Salud. Este Reglamento se basa y complementa los derechos ya establecidos en el Reglamento General de Protección de Datos.

Los tres objetivos principales que introduce este reglamento son los siguientes. Por un lado, busca armonizar reglas e infraestructuras de los sistemas sanitarios europeos, siendo la necesidad de establecer datos interoperables, el medio para conseguir ese objetivo. Ahora bien, para gestionar los numerosos conjuntos de datos que van a generarse y a estar disponibles, se necesita un marco de gobernanza también a nivel europeo de los propios datos sanitarios. Ambas acciones tienen un tercer objetivo primordial que es facilitar el acceso de los pacientes y de aquellos agentes que puedan contribuir al bienestar de los pacientes a los datos de salud electrónicos.

La primera novedad estructural que plantea el Espacio Europeo de Datos de Salud es la noción de datos de salud electrónicos, ya que se puede observar una distinción clara basada en si el dato es de naturaleza personal o no. Los datos de salud electrónicos personales son información relativa a la salud física o mental de las personas, incluidos datos genéticos y datos derivados (diagnósticos, pruebas) en un formato electrónico integrado en un ecosistema y entorno digital. Estos datos sólo pueden formar parte del uso primario de los datos. En cambio, los datos de salud electrónicos no personales incluyen datos anonimizados o seudonimizados, impidiendo técnicamente que puedan ser relacionados con los pacientes.

Siendo el paciente, el epicentro del Espacio Europeo de Datos de Salud, la normativa le otorga una serie de derechos ampliados y equivalentes sobre su historia clínica, basados en el propio Reglamento General de Protección de Datos.

Los pacientes como personas físicas, tienen derecho de acceso a sus datos. También están capacitados a introducir información en su propia historia clínica, rectificar aquellos datos que no sean correctos o actuales. A su vez, podrán obtener información sobre quién accede a sus datos, estableciendo márgenes a nivel de terceros que pueden acceder a sus datos, lo que supone un fortalecimiento del vínculo entre el profesional sanitario y el paciente.

Asimismo, el derecho a la portabilidad de los datos de salud electrónicos se configura como el derecho «estrella» en el Espacio Europeo de Datos de Salud debido a la necesidad de interoperabilidad transfronteriza. Cabe considerar el hecho de que el derecho de acceso y portabilidad, se aplica sin perjuicio de los derechos del Reglamento General de Protección de Datos. El acceso debe ser inmediato después del registro, pero los Estados miembros pueden limitar o retrasar el acceso temporalmente por motivos de seguridad del paciente y ética (ej., ante un diagnóstico terminal).

En cambio, el uso secundario implica usar datos recogidos para fines distintos a la asistencia sanitaria, como la investigación científica, la innovación, o el entrenamiento de algoritmos de Inteligencia Artificial. Para el uso secundario, los datos personales se proporcionan solo en formato seudonimizado, y solo si el fin no puede lograrse con datos anonimizados. El tratamiento de estos datos debe realizarse en un entorno de tratamiento seguro, esencial para proteger los derechos y las libertades de las personas físicas, impidiendo que los datos se descarguen directamente por usuarios externos al sistema de salud.

El Espacio Europeo de Datos Sanitarios de Salud establece que, por defecto, los datos de salud de todos los pacientes de Europa estarán disponibles para el uso secundario. No obstante, las personas físicas tienen el derecho de autoexclusión para decidir si sus datos de salud electrónicos pueden ser tratados para uso secundario. Este mecanismo debe ser fácilmente comprensible y accesible, siendo este aspecto una tarea pendiente del legislador y los actores afectados. La divulgación y el conocimiento sobre la capacidad y la soberanía que tiene el paciente sobre sus datos debe ser promovida, más aún, cuando el mecanismo del Espacio Europeo de Datos Sanitarios ya no se basa en el consentimiento sino en el derecho a la autoexclusión.

La implementación de esta normativa es reflejo de la existente tensión entre la protección de datos y la necesidad de flexibilizar el acceso a datos para la investigación científica. Los datos son valiosos para la sociedad en su conjunto y a nivel individual, ya que pueden contribuir a una mejor investigación con mayor calidad de resultados. Este hecho requiere una necesidad de concienciación de la ciudadanía sobre los beneficios del uso secundario, ya que, si mucha gente se autoexcluye, los fines por los cuales el Espacio Europeo de Datos de Salud pretende promover catálogos de datos estructurados, no podrán alcanzarse.

Cabe destacar que el Espacio Europeo de Datos de Salud, deja espacio a una implementación más concreta dando la potestad a los Estados Miembros de establecer excepciones al derecho de autoexclusión para fines con un fuerte vínculo con el interés público, como la protección contra amenazas transfronterizas graves para la salud o la investigación de enfermedades raras. Sin embargo, estas excepciones deben ser necesarias y proporcionadas en consonancia con los valores de una sociedad democrática.

5. EL DERECHO A LA SALUD Y EL ESPACIO EUROPEO DE DATOS SANITARIOS

El derecho a la protección de la salud (Artículo 35 de la Carta de Derechos Fundamentales) y la cobertura sanitaria son otorgados por los Estados miembros, lo que históricamente ha llevado a una fragmentación del derecho a la salud.

La Unión Europea ha adoptado dos estrategias principales para abordar esto: la Unión Sanitaria Europea y la Estrategia del Dato. El instrumento clave resultante es el Reglamento del Espacio Europeo de Datos de Salud (EEDS) (Reglamento UE 2025/327), cuyo objetivo es mejorar el acceso y control de las personas físicas sobre sus datos de salud electrónicos personales y facilitar su uso para fines que beneficien a la sociedad (investigación, innovación, políticas).

A nivel nacional, el derecho a la protección de la salud es un derecho fundamental reconocido en la Constitución Española (Artículo 43). En el contexto de la Unión Europea, este derecho está influenciado por las legislaciones y prácticas nacionales. La Estrategia de Salud Digital del SNS (ESD-SNS) aspira a fortalecer el sistema sanitario público mediante la capacidad transformadora de las tecnologías digitales.

El objetivo de la Estrategia Europea de Datos y la Unión Sanitaria Europea es digitalizar los datos sanitarios y hacerlos disponibles en toda la UE, buscando que los sistemas sanitarios se puedan comunicar entre sí. La creación del Espacio Europeo de Datos de Salud es una pieza clave para lograr una Unión Europea de la Salud fuerte y resiliente.

El Espacio Europeo de Datos de Salud establece mecanismos de gobernanza para el uso secundario, incluyendo la creación de Organismos de Acceso a Datos a nivel nacional, que actúan como intermediarios para gestionar, evaluar y aprobar las solicitudes de acceso a datos. Estos órganos administrativos tendrán un papel fundamental, no solo en fomentar el uso secundario de los datos sanitarios para cuestiones de innovación e investigación, sino también cumplir con la función de garante de los derechos de los pacientes, entre ellos el derecho a la salud. Estos organismos actúan como intermediarios, gestionando, evaluando y aprobando las solicitudes de acceso a datos para investigación, y deben garantizar que el tratamiento se realice en un entorno de tratamiento seguro y utilizando datos seudonimizados o anonimizados.

En el contexto de España, la salud digital parece albergar un panorama en el que, si bien se observa movimiento, el dialogo y la coordinación entre el Sistema Nacional de Salud y las Comunidad Autónomas por cumplir con las obligaciones y los objetivos comunes que establece el Reglamento del Espacio Europeo de Datos de Salud será clave para que se pueda implementar con éxito. Por parte del Ministerio de Sanidad ya se cuenta con la Estrategia de Salud Digital del Sistema Nacional de Salud (ESD-SNS), desarrollada entre 2021 y 2026, en el que el principal pilar es la garantía del pleno desarrollo del derecho a la protección de la salud. Esta estrategia incluye entre sus líneas de actuación, la creación del Espacio Nacional de Datos de Salud para la generación de conocimiento científico y la evaluación de los servicios. Este espacio nacional busca impulsar el análisis masivo de datos procedentes del SNS y de organismos relacionados, con aplicaciones en vigilancia en salud pública, práctica clínica, evaluación de servicios e investigación

Para el uso secundario, los Estados miembros deben crear uno o varios Organismos de Acceso a Datos de Salud, que en el caso de España se coordinarán a través de un nodo central del Sistema Nacional de Salud, que estará en permanente comunicación con los nodos autonómicos, los cuales por cuestión de competencia, decidirán sobre la autorización de las peticiones que les lleguen por parte de terceros para poder utilizar datos para los fines del uso secundario que provengan de los espacios de datos que ya han sido creados para uso primario por parte de cada comunidad autónoma.

Por otra parte, conviene enfatizar las regulaciones nacionales que se verán alteradas por la implementación del Espacio Europeo de Datos de Salud como son la Ley 14/2007 de Investigación biomédica y la Ley 41/2002, básica reguladora de la autonomía del paciente y de derechos y obligaciones en materia de información y documentación clínica. Ambos instrumentos tendrán o bien que actualizarse, o complementarse con otra normativa nacional que haga referencia a ambas en la implementación del Espacio Nacional de Datos de Salud.

A pesar de los retos pendientes, se puede considerar que España ya tenía una posición ventajosa en seguridad y privacidad de datos de salud y en la implantación de sistemas digitales (historia clínica, receta), debido a la crisis del COVID-19. Ahora queda como tarea pendiente armonizar e interoperar sus 17 sistemas de salud autonómicos. Este proceso requiere una gran inversión en recursos para asegurar que los centros de investigación y hospitales puedan adaptarse a los estándares técnicos, semánticos y organizativos requeridos por el Espacio Europeo de Datos de Salud, sin menoscabar la necesidad y promoción del derecho a la salud de los ciudadanos.

6. CONCLUSIONES

Tras analizar las novedades y complejidad de las tecnologías disponibles para la gestión de los datos, el desafío de las nuevas tecnologías, evidencia que es complejo, pero a la vez apasionante. Los profesionales del derecho de todas las índoles deben observar con detenimiento y proactividad las herramientas jurídicas recientes provenientes de la Unión Europea. Estos marcos normativos, deben ser conocidos y aplicados para garantizar que la tecnología se desarrolle en armonía con los derechos fundamentales.

La era digital revalida el planteamiento y la aplicación de los derechos fundamentales, siendo la dignidad humana el cimiento principal en consonancia con el resto de derecho, sobre el cual debe proyectarse la protección legal. El modelo europeo se distingue por elevar la protección de datos de carácter personal a la categoría de derecho fundamental (Artículo 8 de la Carta), diferenciándolo de la privacidad y estableciendo un marco riguroso, garantista y completo para gestionar cualquier tipo de datos personales, incluidos los datos sensibles, como es el caso de los datos sanitarios.

La irrupción de tecnologías como la Inteligencia Artificial, aunque prometedora (ej., en el campo de la salud, la telemedicina), plantea riesgos significativos, especialmente la amplificación de la discriminación algorítmica derivada de sesgos en las categorías especiales de datos. Por otra parte, La neuro tecnología presenta desafíos adicionales sin precedentes para la dignidad de las personas y la integridad mental, necesitando marcos regulatorios específicos que protejan la libertad cognitiva y la continuidad psicológica.

Es por ello, que el ejemplo de la salud digital cobra mucho sentido en este capítulo. Es un epicentro y pilar fundamental para nuestras sociedades a nivel colectivo e individual en una Europa cada vez más envejecida. Este envejecimiento enlaza con una idea que debe tenerse en mente tras contemplar el marco existente y el que está por venir. Esta idea es la existencia de una brecha digital significativa que afecta tanto a ciudadanos como a profesionales de la salud, que no nacieron siendo nativos digitales y que poseen aún poco conocimiento de herramientas y dispositivos electrónicos.

Un elemento fundamental para reducir la brecha digital es que las soluciones propuestas sean inclusivas, por tanto, se debe implicar a profesionales y ciudadanos en su elaboración. Esas soluciones pasan por la alfabetización digital en salud, la cual permite utilizar, comprender y sacar provecho de las tecnologías sanitarias cada vez más presentes de manera efectiva y segura.

El Reglamento UE 2025/327 del Espacio Europeo de Datos de Salud representa el esfuerzo de la Unión Europea por equilibrar la necesidad de protección del paciente con el imperativo de la innovación, buscando la sostenibilidad del sistema sanitario mediante el valor del dato. Este Reglamento complementa al Reglamento General de Protección de Datos, estableciendo un doble canal de uso (primario para asistencia y secundario para investigación) y reforzando derechos como la portabilidad y la capacidad de autoexclusión del paciente. Sin embargo, no se pueden diseñar normativas para los pacientes sin contar con la opinión de la comunidad y entidades que deben ser los máximos beneficiados del nuevo paradigma digital que abre esta normativa.

Por ello, el argumento de la necesidad de alfabetización en materia digital pero especialmente en el ámbito de la salud, podrá garantizar que los ciudadanos de forma informada, pueden ejercer libremente su derecho de autoexclusión. Sin pacientes comprometidos y empoderados el Espacio Europeo de Datos Sanitarios de Salud no podrá alcanzar su potencial de beneficios sociales y científicos.

En este contexto, también se deben recalcar que elementos que no tienen una vinculación normativa como la Carta de Derechos Digitales, no debe centrarse necesariamente en descubrir «nuevos derechos digitales» que sean distintos de los derechos fundamentales ya reconocidos. Más bien, se trata de adaptar y proyectar el ordenamiento vigente sobre la realidad tecnológica, tanto a nivel nacional como europeo, con el objetivo de garantizar la protección de los valores constitucionales y la seguridad jurídica.

Somos afortunados de poder contar en materia de protección de datos personales con un el modelo que plantea el Derecho de la Unión Europea. Éste establece un paradigma único a nivel global, que prioriza la dignidad humana y los derechos fundamentales, sin renunciar a la innovación tecnológica y científica. Este equilibrio delicado requiere vigilancia constante, adaptación normativa continua y la participación activa de todos los actores del ecosistema digital para asegurar que la tecnología esté verdaderamente al servicio de una humanidad, intrínsicamente conectada por los datos.

BIBLIOGRAFÍA

AEPD (2024) Guía para pacientes y usuarios de la Sanidad. Agencia Española de Protección de Datos: Guía para pacientes y usuarios de la Sanidad

Amaya-Santos, S. et al. (2024) ¿Salud para quién? Interseccionalidad y sesgos de la inteligencia artificial sanitaria. Scielo, julio 2024: 1137-6627-asisna-47-02-e1077.pdf

APDCAT (2024) Guía de protección de datos para pacientes y usuarios de la Sanidad. Autoridad Catalana de Protección de Datos: Guía de protección de datos para pacientes y personas usuarias de los servicios de salud

Asociación de Juristas de la Salud (2024) El Espacio Europeo de Datos Sanitarios. Revista Derecho y Salud, Vol. 34: vol34_Extra_02_01_Premio_SESPAS.pdf

Asociación de Juristas de la Salud (2024) Uso de la tecnología digital en la obtención del consentimiento informado. Octubre 2024: Revista_DS_Vol34_Extraordinario.pdf

Avezalia (2025) El Espacio Europeo de Datos de Salud (EEDS). Septiembre 2025: El Espacio Europeo de Datos de Salud (EEDS): una revolución para el paciente y la investigación sanitaria - Abogado Digital en Sevilla

BOE (2025) Reglamento (UE) 2025/327 del Parlamento Europeo y del Consejo sobre el Espacio Europeo de Datos Sanitarios. Marzo 2025: Reglamento (UE) 2025/327 del Parlamento Europeo y del Consejo, de 11 de febrero de 2025, relativo al Espacio Europeo de Datos de Salud, y por el que se modifican la Directiva 2011/24/UE y el Reglamento (UE) 2024/2847, (Texto pertinente a efectos del EEE)

Camerfirma (2025) Consentimiento informado digital: Guía para clínicas. Julio 2025. Consentimiento informado digital. Guía para clínicas | Camerfirma

Casarosa, F. y Gennari, F. (2025) Data Sharing in the Internet of Medical Things: Between the Data Act and the EHDS. Dirpolis, Sant'Anna School of Advanced Studies. Disponible en https://www.cambridge.org/core/journals/european-journal-of-risk-regulation/article/data-sharing-in-the-internet-of-medical-things-between-the-data-act-and-the-ehds/77F56E-3583670C27A7F0CF44FB1F850A.

Chassang, G. y Feriol, L. (2024) Data Altruism, Personal Health Data and the Consent Challenge in Scientific Research: A Difficult Interplay between EU Acts. European Data Protection Law Review, 10(1), 57-68. Disponible en https://pmc.ncbi.nlm.nih.gov/articles/PMC11894576/.

Comisión Europea (2025) Mis derechos sobre los datos relativos a mi salud. Agosto 2025. Disponible en https://health.ec.europa.eu/ehealth-digital-health-and-care/my-rights-over-my-health-data_es

Datos.gob.es (2025) Derechos digitales: principios, iniciativas y desafíos en la era digital. Disponible en https://datos.gob.es/es/blog/derechos-digitales-principios-iniciativas-y-desafios-en-la-era-digital

Derechos Digitales Gobierno de España (2025) Neuroderechos para salvaguardar la esencia humana. Febrero 2025. Disponible en https://www.derechosdigitales.gob.es/es/novedades/sobre-el-epigrafe-xxiv-derechos-digitales-en-el-empleo-de-las-neurotecnologias

Elsevier (2024) La alfabetización digital como elemento clave en atención primaria. Revista Atención Primaria, mayo 2024. Disponible en https://www.elsevier.es/es-revista-atencion-primaria-27-articulo-la-alfabetizacion-digital-como-elemento-S0212656724000222

EUR-Lex (2022) Un Espacio Europeo de Datos Sanitarios - Comunicación de la Comisión. Mayo 2022. Disponible en https://eur-lex.europa.eu

Herrero, M.T.P. (2025) Neuroderechos: relevancia jurídica y regulación. Revista Cuadernos de Derecho Transnacional, UC3M. Disponible en https://e-revistas.uc3m.es/index.php/CDT/article/view/9346

Ley 14/2007, de 3 de julio, de Investigación biomédica: https://www.boe.es/eli/es/l/2007/07/03/14

Ley 41/2002, de 14 de noviembre, básica reguladora de la autonomía del paciente y de derechos y obligaciones en materia de información y documentación clínica: Ley 41/2002, de 14 de noviembre, básica reguladora de la autonomía del paciente y de derechos y obligaciones en materia de información y documentación clínica.

Ministerio de Sanidad (2024) Espacio Europeo de Datos de Salud (EEDS). Gobierno de España. Ministerio de Sanidad - Áreas - Espacio Europeo de Datos de Salud

Reglamento (UE) 2024/1689 del Parlamento Europeo y del Consejo, de 13 de junio de 2024, por el que se establecen normas armonizadas en materia de inteligencia artificial y por el que se modifican los Reglamentos (CE) n.° 300/2008, (UE) n.° 167/2013, (UE) n.° 168/2013, (UE) 2018/858, (UE) 2018/1139 y (UE) 2019/2144 y las Directivas 2014/90/UE, (UE) 2016/797 y (UE) 2020/1828 (Reglamento de Inteligencia Artificial). Disponible en https://www.boe.es/doue/2024/1689/L00001-00144.pdf

Revista Iberoamericana de la Propiedad Intelectual (2025) Sesgos en la inteligencia artificial en el sector salud, No. 22. Disponible en https://zaguan.unizar.es/record/162274?ln=es

Science Direct (2024) La alfabetización digital como elemento clave en atención primaria. Revista Atención Primaria

Slokenberga, S., Cathaoir, K. y Shabani, M. (Eds.) (2025) The European Health Data Space: Examining A New Era in Data Protection. Academic Publishers. Disponible en https://www.routledge.com/The-European-Health-Data-Space-Examining-A-New-Era-in-Data-Protection/Slokenberga-OCathaoir-Shabani/p/book/9781032822884

Universidad Carlos III de Madrid (2024) La discriminación algorítmica y su impacto en los derechos fundamentales. La reparación de los daños derivados de la discriminación algorítmica y de los sistemas de inteligencia artificial por razón de la salud del trabajador

Uría Menéndez (2025) Aprobación del Reglamento del Espacio Europeo de Datos Sanitarios. Enero 2025. Aprobación del Reglamento del Espacio Europeo de Datos Sanitarios | Uría Menéndez

CAPÍTULO QUINTO.

SOBRE LA POSIBILIDAD DE UN DERECHO A LA DESOBEDIENCIA CIVIL, A PROPÓSITO DE LA DENOMINADA DESOBEDIENCIA CIVIL DIGITAL

SOBRE LA POSIBILIDAD DE UN DERECHO A LA DESOBEDIENCIA CIVIL, A PROPÓSITO DE LA DENOMINADA DESOBEDIENCIA CIVIL DIGITAL

Francisco Fernández Perales
Investigador predoctoral en Derecho penal. Universitat Pompeu Fabra (Barcelona)[33]

Sumario: 1. La reaparición de la desobediencia civil tras la era de la posdemocracia 2. ¿Implica la licitud de la desobediencia civil una contradictio in adiecto? La discusión sobre su estatus jurídico 3. La denominada desobediencia civil digital 4. Entre la acción directa y la desobediencia civil. La protesta obstructiva. Bibliografía.

1. LA REAPARICIÓN DE LA DESOBEDIENCIA CIVIL TRAS LA ERA DE LA POSDEMOCRACIA

La primera teorización en el ámbito de la filosofía política de la *desobediencia civil* trajo causa del creciente protagonismo de las formas extrainstitucionales de participación política tras el surgimiento de los denominados *nuevos movimientos sociales* (entendidos, en términos muy fundamentales, como "redes de grupos y organizaciones que, con base en una identidad colectiva, pretenden cambiar la sociedad (u oponerse a un cambio)". Cfr. Rucht, 2009: 272). Éstos

---

33   Investigador predoctoral del área de Derecho penal de la Universitat Pompeu Fabra (Barcelona). Agradezco a la asociación AJIDH (Asociación de Jóvenes Investigadoras e Investigadores en Derechos Humanos) la excelente gestión del III Congreso de la Asociación celebrado en León el pasado julio, con ocasión del que pude exponer las tesis nucleares de una parte significativa de mi investigación predoctoral. Asimismo, agradezco a mi colega y amigo Javier Martínez Morales (Universitat Pompeu Fabra), también ponente en el Congreso, las magníficas y provechosas conversaciones mantenidas durante los días en los que tuvo lugar aquél. Por último, debo expresar también mi gratitud al Prof. David Lefkowitz (University of Richmond, Estados Unidos), por sus valiosos comentarios sobre mis ideas acerca de la legitimidad filosófico-política de las acciones de desobediencia civil en nuestra reunión mantenida a finales de julio de este año, que han contribuido significativamente al desarrollo de la tesis expuesta en este trabajo.

aparecen como consecuencia de la pérdida de protagonismo de los movimientos sociales organizados en torno a intereses comunes relativos a las condiciones de trabajo, esto es, los movimientos obreros y de emancipación de la clase de trabajadora, dejando un espacio que ocuparían colectivos con intereses más específicos concernientes a los derechos individuales y a la defensa de la diversidad (Snow, 2023: 3), como los colectivos ecologista (Valencia, 2009: 451), pacifista o feminista (sin perjuicio de que su origen es mucho más remoto. Ibarra/Letamendia/Ahedo, 2023: 387 s.).

El conocido como *mayo del 68* o *Mayo francés* (Gilcher-Holtey, 1998: 11), que marcó a las nuevas generaciones política y culturalmente (Pastor Verdú, 2006: 137) y dio lugar a una de las mayores movilizaciones de protesta de la historia de la postguerra (Riechmann, 1994: 215-224; Tilly, 2020: 68 ss.), fue el punto de partida del surgimiento de dichos movimientos sociales, que se explica en buena medida como una crítica al capitalismo y sus excesos y de la ineficacia de la política institucional (Pastor Verdú, 2006: 137 s.; Velasco, 1996: 159 s.), pero asimismo por un cambio cultural sucedido en las sociedades industriales avanzadas, desde un "sistema de valores materialista que enfatiza las necesidades socioeconómicas así como el orden social y la seguridad a un sistema de valores postmaterialista que destaca la participación individual, la emancipación y la autorrealización" (Giugni/Grasso, 2020: 130).

En este contexto, el movimiento por los derechos civiles, el movimiento estudiantil y la protesta contra la guerra de Vietnam dan lugar a acciones de protesta extrainstitucional en muchos casos antijurídicas –ocupaciones, cortes de carretera o daños en propiedades ajenas– que, sin embargo, reunirían cierta legitimidad moral o filosófico-política –según el enfoque– (Laker, 1986: 52; Velasco, 1996: 161; Cervera-Marzal, 2024: 18). Martin Luther King Jr., recogiendo el legado de Gandhi –que a su vez recibió una gran influencia tanto de Henry David Thoreau (Gandhi, 1962 (1907): 211 s.; Gandhi, 1962 (1907): 217 s.) como de Lev Tolstói (Gandhi, 1963 (1909): 1-5)– lideró la *praxis* de la desobediencia civil en la década de los sesenta del siglo pasado (Braune, 2019: 77 s.), que teorizó con gran éxito John Rawls como una "acción pública, no violenta, consciente, pero política, que infringe la ley, realizada habitualmente con el objetivo de dar lugar a un cambio en la ley o en las políticas del gobierno" (Rawls, 1999: 320; Rawls, 1969: 240-255) –definición que, en realidad, toma en buena medida, como reconoce, de Bedau (Bedau, 1961: 655-661); Bedau, 2002: 51)–. Su legitimidad –moral– dependería de que se di-

     Francisco Fernández Perales

rigiera, además, a protestar contra "infracciones graves del primer principio de justicia", el de *libertad igual* (Rawls, 1999: 53), o contra "violaciones patentes de la segunda parte del segundo principio", el de la *diferencia* o "principio de justa igualdad de oportunidades" (Rawls, 1958: 165; Rawls, 1999: 13, 52 ss.) y de que se muestre contención a fin de no perturbar en exceso el orden y se trate del último recurso disponible (Rawls, 1999: 327 ss.).

En este periodo se desarrolla la que puede llamarse la *concepción liberal* de la desobediencia civil (Cervera-Marzal, 2024: 20), que desarrollan también Dworkin (Dworkin, 1968; Dworkin, 1977; Dworkin, 2019 (1983)) y Habermas (Habermas, 2015) constituyendo ésta un mecanismo extrainstitucional de estabilización de un orden jurídico de libertad igual y que tiene su origen en el texto *Resistance to Civil Government* de Thoreau (Thoreau, 1996), después titulado *Civil Disobedience* (sobre la confusión respecto de la atribución al propio Thoreau del uso de dicha denominación, Hanson, 2021: 29 ss.) donde fundamentalmente reivindica la protección jurídica de un derecho individual, el derecho a la libertad de conciencia, expresado en el derecho a no ser partícipe de la injusticia perpetrada por el Estado. En realidad, ya Locke con su concepción del derecho de resistencia había expresado ideas que van en la línea de la concepción liberal de la desobediencia civil, pues lo comprende como un derecho de defensa del orden jurídico (Locke, 1967 (1689): 222, 243).

A partir de los años ochenta, en los que se producen cambios importantes en la organización de la participación desde los movimientos sociales –surgiendo los denominados *novísimos movimientos sociales* (Ibarra/Letamendia/Ahedo, 2023: 390), dirigidos principalmente a criticar la globalización en el contexto neoliberal–, se observa una insuficiente realización de valores *postmateriales* compartidos (Pastor Verdú, 2006: 142 s.), que acaba dando lugar a una gran insatisfacción con el funcionamiento de las instituciones políticas, que causará una crisis de participación política (Romanos, 2018, 4 s.). La denominada *desafección política* se definió entonces como la desconfianza acerca del correcto funcionamiento de las instituciones en el marco de un régimen político –el democrático– que, sin embargo, no se cuestiona (Torcal/Montero, 2006: 6; Megías/Moreno/Villaplana, 2024: 310). De este modo, entramos en la que fue denominada *era de la posdemocracia* (Miller, 2020: 21-40), marcada por la pasividad de la ciudadanía en el marco de una política institucional que desalentaría la movilización (Rancière, 1999: 101 s.) tanto por su manipulación de la opinión pública como por el desplazamiento de la toma de decisiones a organismos supraestatales y extrainstitucionales (Crouch, 2014: 29 ss.; Crouch, 2016: 71).

Sin embargo, como pusieron de manifiesto Blühdorn/Butzlaff, se gestaba ya entonces una transformación de los valores y proyectos democráticos, expresada en la que denomina Blühdorn como *paradoja posdemocrática* (Blühdorn, 2017: 161) que daría lugar a una "proliferación y radicalización de las demandas de participación", al tiempo que se mantiene sin embargo la "ambivalencia respecto de las instituciones, procesos y valores democráticos" (Blühdorn/Butzlaff, 2020: 377). Se habría producido, por ende, el paso de una *crisis de participación* a una *crisis de representación* (Blühdorn, 2017: 12) o, en los términos a mi juicio más precisos de Torcal/Montero, el paso del *desapego político* a la *desafección institucional* (Torcal/Montero, 2006: 6). El auge de la participación política extrainstitucional (comprobada en estudios recientes. Véase Ortiz et al., 2022: 58 s.), ciertamente, está en sintonía con la nueva aparición de la desobediencia civil en la práctica de la protesta (Livingston, 2019: 591) y, por consiguiente, en la discusión académica (dada por finalizada por algunos autores. Así, Edmundson, 2006: 7). Movimientos de protesta como Occupy (Abu El-Haj, 2020: 207; Castañeda, 2020: 194 ss.), Black Lives Matter (Pasternak, 2025: 1 ss.; Pineda, 2021: 72 ss.) o Extinction Rebellion (Williams/Rudd, 2025: 309 ss.) han dado lugar con sus acciones a una renovada discusión acerca de la legitimidad filosófico-política de la desobediencia civil.

Con el resurgimiento de la desobediencia civil se consolida una teorización alternativa de ésta basada en concepciones de la democracia críticas con el modelo liberal, basadas bien en la teoría de la democracia radical o en la teoría de la democracia deliberativa, ambas vinculadas –si bien con fuertes particularidades– con la tradición del republicanismo. Así, se reivindica que la concepción liberal desatiende la función que la desobediencia civil puede tener de reafirmación de la agencia política frente a formas de dominación arraigadas y a menudo difíciles de percibir (así, desde la perspectiva de la teoría de la democracia radical, Celikates, 2021: 131) o que puede servir al fin de remediar déficits deliberativos o aproximar en mayor medida la igualdad política ciudadana (Markovits, 2005; Smith, 2011), sin perjuicio de propuestas más bien orientadas a reformular la concepción liberal (desde la comprensión de la desobediencia civil como un ejercicio de la libertad de conciencia, Brownlee, 2012; con una formulación de base kantiana y habermasiana, entendiendo la desobediencia civil como una acción en ejercicio del derecho a la auto-

   Francisco Fernández Perales

nomía individual en términos relacionales, Moraro, 2019; similar, Ugartemendia Eceizabarrena, 1999). En definitiva, se produce un cambio desde la comprensión de la desobediencia civil como correctora de déficits *contingentes* del funcionamiento de las instituciones democráticas –se produce la vulneración de derechos fundamentales en ciertos casos– a la comprensión de aquélla como correctora de déficits *congénitos* de éstas –las democracias representativas producen irremediablemente exclusión política– (en términos similares, Delmas, 2020: 26).

2. ¿IMPLICA LA LICITUD DE LA DESOBEDIENCIA CIVIL UNA *CONTRADICTIO IN ADIECTO?* LA DISCUSIÓN SOBRE SU ESTATUS JURÍDICO

Hacia el final de la primera fase de la discusión acerca de la legitimidad política de la desobediencia civil, pese a que en el marco de ésta solamente se había sostenido que se impusieran penas leves o se prescindiera de su imposición (así, Rawls, 1999: 339), se planteó la posibilidad de entender lícitas algunas acciones de desobediencia civil. El trabajo más significativo en esta línea fue el de Ralf Dreier, que planteó que las acciones de desobediencia civil dan lugar a casos de colisiones de derechos, pudiendo preponderar el derecho a la libre expresión o de reunión y manifestación –en Alemania, los arts. 5 (*Meinungsfreiheit*) y 8 (*Versammlungsfreiheit*) GG–, resultando por ende lícita aquella acción. A su juicio, una acción de desobediencia civil –una acción de protesta pública, pacífica y motivada político-moralmente y que infringe una norma– es solamente *prima facie* ilícita, puesto que si se realiza para protestar contra una grave injusticia y es proporcionada –en sentido amplio–, puede constituir el ejercicio legítimo de alguno de los referidos derechos (Dreier, 1983: 575 ss., 588, 594-596; Dreier, 1985: 307 s.; Dreier, 2015: 56, 60 ss., 66-69).

El planteamiento de Dreier da lugar, sin embargo, a una afirmación entendida mayoritariamente contradictoria, puesto que la desobediencia lícita parecería dejar de ser, necesariamente, una auténtica desobediencia. Así, una desobediencia civil lícita implicaría una *contradictio in adiecto* (entre otros, Arendt, 1972: 99; Cotarelo, 1987: 151; Falcón y Tella, 2000: 210; Ladwig, 2018: 8 s.; Martí, 2021: 36.). Como ha expuesto Brownlee, esta clase de afirmación recuerda a la conocida como *liar's paradox* en el ámbito de la lógica como subdisciplina filosófica (al respecto, véase Mosterín/Torreti, 2002: 436 ss.), puesto que un elemento del enunciado contradice lo que se dice sobre él (Brownlee, 2012: 123 s.). Sin embargo, lo cierto es que, como ha afirmado Stratenwerth, "[c]asi todos los autores que se han ocupado del tema, lo han hecho con intención apologética, en el sentido de que se reivindica, bajo ciertos presupuestos, la legalización o, al menos, la legitimidad de tales desobediencias" (Stratenwerth, 1990: 261). Aun así, lo cierto es que se aboga normalmente por la mera exclusión de la imposición de pena (lo reconoce Jäger, 2024: 107).

A mi juicio, este problema es una de las consecuencias de la distinción entre el *concepto* y la *justificación* de la desobediencia civil (al menos desde Rawls, 1999: 320, 326 s.). Como ha puesto de manifiesto con claridad Delmas, "[e]l término "desobediencia civil" se usa no solo para describir, sino también para evaluar. Llamar civil a una acción de desobediencia es destacar las motivaciones del agente basadas en principios y sus intenciones comunicativas en orden a llevar a cabo un quebrantamiento disruptivo de la ley inteligible como acto de habla –dirigido a la comunidad– y, así, comenzar el trabajo de su justificación" (Delmas, 2018: 22). En realidad, aquello que Rawls entiende como el concepto de desobediencia civil no es sino un primer juicio *parcial* –aunque definitivo, por lo que podría hablarse de una valoración *prima facie normativa* (véase al respecto, García Yzaguirre, 2022: 275 ss.)– de justificación. Por ende, el presunto único juicio de justificación tendría como objeto elementos conceptuales que ya dan cuenta parcialmente de la valoración que pretende realizarse con él.

Esto se debe a que los elementos conceptuales de la desobediencia civil son ya evaluativos, con ellos se pretende dar cuenta del estatus normativo –ético, filosófico-político o jurídico– de una clase de acción de protesta. Más concretamente, se trata de un concepto que da cuenta de una evaluación jurídica, puesto que se refiere la acción de desobediencia civil como necesariamente ilícita –incluso si solo lo es *prima facie*, la evaluación va dirigida a comprobar su (i)licitud–. Siendo esto así, a mi juicio la conceptualización de la desobediencia civil debe estar regida por la calificación jurídica que le corresponda, así como la *legítima defensa*, como causa de exclusión de la antijuridicidad, lo está por su licitud. No se trata, siguiendo con el ejemplo, de conceptualizar una clase de acciones como *acciones de defensa*, sino como *acciones de defensa conformes a Derecho*, por lo que necesariamente su estatus jurídico y las consecuencias que éste tiene

     Francisco Fernández Perales

son los elementos que deben regir la conceptualización, junto con la naturaleza de la clase de acción correspondiente. Por supuesto, podría conceptualizarse la desobediencia civil de tal modo que la única referencia jurídica entre sus elementos conceptuales fuera la ilicitud, de manera que la subsunción conceptual no diera cuenta de si debe eximirse de pena o tan solo atenuarla. Sin embargo, así podría obligarse a acabar formulando dos conceptos derivados, dando lugar, además, a un concepto excesivamente amplio, que podría perder su particularidad, en este caso intensamente vinculada a una determinada práctica social.

La desobediencia civil, por su caracterización en el ámbito de la filosofía política, está necesariamente relacionada con los déficits del régimen democrático, con independencia de si se adopta una posición más cercana a la conceptualización de Rawls o a la de quienes han pretendido superar el paradigma liberal. Ciertamente, en este segundo caso hay un mayor margen para el cambio, pues las deficiencias relativas a la garantía de igualdad política pueden llegar a solventarse en mayor medida que la posibilidad de que en alguna ocasión se vulneren derechos fundamentales con el ejercicio del poder estatal –en buena medida dependiente de la evolución de la interpretación de aquéllos–. En todo caso, se trata de una acción muy próxima al ámbito de protección de los derechos cuya vigencia se explica, al menos en parte –su configuración material concreta depende de la teoría de la democracia desde la que se explique, aspecto que no es posible comentar en este texto–, por la voluntad de hacer posible el control del ejercicio del gobierno por la autoridad política. Si esto se contempla desde la segunda forma de aproximarse a la conceptualización de la desobediencia civil, parecería, por lo tanto, que tales acciones no pretenden sino hacer posible por vía extrainstitucional algo que institucionalmente no resulta posible.

Si se reconoce que el Derecho penal no sirve a la distinción entre acciones lícitas y acciones antijurídicas, sino entre estas últimas y las que constituyen un *injusto penal* (Silva Sánchez, 2010: 630), parecería razonable entender que las acciones próximas al ámbito de protección de las causas de exclusión de la antijuridicidad –que se situarían, así, entre las acciones incluidas en éste y las acciones a las que les resulta de aplicación solamente la eximente incompleta (Fernández Perales, 2022: 777 ss.)– difícilmente pueden ser consideradas merecedoras de pena. Por ende, podría argumentarse que la desobediencia civil, que referiría acciones que se encuentran cerca del límite de los contornos de los derechos a la libre expresión y de reunión y manifestación, constituye una *causa de exclusión del injusto penal* (siguiendo la tesis de Günther, H.L., 1983) –si no una causa de exclusión de la sancionabilidad, es decir, incluyendo la sanción administrativa (a este respecto, Brownlee, 2012: 239 ss.)–. En esta línea, diversos autores han sostenido que, si bien las acciones de desobediencia civil serían antijurídicas, por lo que cabría la actuación policial contra ellas y, subsidiariamente (Jäger, 2024: 111), el ejercicio de derechos de defensa, no merecerían pena (Günther, H.L., 1992: 215 ss.; Reichert-Hammer, 1991: 276 ss.; Fernández Perales, 2021: 493 s.; Fernández Perales, 2022: 783-792; Zimmermann, Till, 2025: 30-36).

Más allá de los límites que este razonamiento exige a dicha conceptualización, resulta imprescindible que las acciones de desobediencia civil sean, al menos, acciones de protesta, es decir, acciones radicalmente –en el sentido propio del término– dialógicas de oposición política (Pross, 1992: 18; Virgl, 2011: 26-29). No son solamente *acciones políticas*, en el sentido de tratarse de conductas que inciden en el "proceso de gestión de los conflictos sociales" (Vallès, 2007: 321), sino *acciones de participación política*, que implican intervenir en la organización colectiva dirigida a resolver los problemas de la vida en común –de tal modo que, por ejemplo, la violencia política puede referirse como acción política, pero no como acción de participación política– (similar, Uriarte, 2010: 223 s.). Las acciones de desobediencia civil digital, precisamente, pueden servir de ejemplo para, desde las premisas señaladas ya, realizar las distinciones adecuadas a fin de determinar qué clase de acciones de las que suelen relacionarse con la desobediencia civil deberían considerarse acciones de protesta y, por ende, caracterizarse correctamente quizás como acciones de desobediencia civil.

3. LA DENOMINADA DESOBEDIENCIA CIVIL DIGITAL

Una manifestación muy particular del auge de la desobediencia civil es la llamada *desobediencia civil digital* (Scheuerman, 2016) o *desobediencia civil electrónica* o *2.0* (Delmas, 2018: 63). Se trata de acciones de protesta política ilícitas realizadas por medios informáticos de una extensa variedad. Ejemplos de esta clase de acciones son el colapso de páginas web, la intromisión en servidores ajenos o la revelación al público de información confidencial (Scheuerman, 2016: 299). Esta nueva forma de protesta, ciertamente, ha llamado la atención de muchos de los académicos que se han ocupado de la conceptualización de la desobediencia civil en la segunda época de la discusión. A diferencia de lo que ha solido ocurrir con las acciones de protesta ilícita calificadas como acciones de desobediencia civil, el activismo informático de esta clase no ha contado con el apoyo de grandes sectores populares, generando más bien escepticismo (Scheuerman, 2016: 300). Uno de los principales obstáculos para aplicar el barniz de legitimidad –en el grado que corresponda– que lleva consigo la calificación como acción de desobediencia civil a esta clase de acciones ha sido la aparente falta de fidelidad al orden jurídico desde la que se llevan a cabo (Scheuerman, 2016: 301-302), elemento que de una forma –en la concepción liberal, principalmente protestando por la efectiva aplicación de las disposiciones que integran el ordenamiento vigente y aceptando las consecuencias jurídicas– o de otra –en las concepciones deliberativas o republicanas, por ejemplo, realizando acciones a las que pueda asignarse carácter democrático– ha estado presente en la mayoría de los planteamientos filosófico-políticos y jurídicos acerca de la desobediencia civil.

Sin embargo, así como puede observarse la diferencia que hay entre acciones tradicionalmente consideradas como de desobediencia civil y ciertas formas de protesta por medios informáticos como las referidas, tampoco puede equipararse éstas con acciones delictivas comunes (Scheuerman, 2016: 303). Los activistas informáticos no actuarían para obtener lucro personal ni para perjudicar o poner en peligro la seguridad estatal. Podría convenir, en esta línea, recuperar la definición negativa de ARENDT para distinguir al "desobediente civil" del "infractor común" –o a la "desobediencia civil" de la "desobediencia criminal" consistente en destacar que este último actúa por su propio beneficio, mientras que el primero lo hace "en nombre y por el bien de un grupo" (Arendt, 1972: 75-76. En el mismo sentido, Dworkin, 1977: 207; Akbarian, 2023: 2). Sin embargo, esta consideración solamente puede servir de indicio para la formulación de distinciones analíticas más precisas, puesto que no es la intención del agente por sí misma el elemento que fundamenta la calificación de la acción, sino que aquélla solamente da cuenta de la dimensión política de la acción, que es la que en definitiva sirve de base a su legitimación filosófico-política y, quizás y en la medida que corresponda, jurídica.

El ejemplo al que suele recurrirse para argumentar si esta clase de acciones pueden o no ser consideradas acciones de desobediencia civil es el de Edward Snowden, administrador de sistemas en la CIA, que en 2013 reveló datos de la Agencia de Seguridad Nacional (NSA) de los Estados Unidos relativos al registro de información sobre conversaciones privadas de la ciudadanía que iba más allá de lo que el poder legislativo había aprobado. Esa información fue entregada a periodistas de *The Guardian* (Brownlee, 2016: 965; Moraro, 2019: 47, 139). Esta acción, que es considerada un ejemplo de *Whistleblowing* –básicamente, la denuncia de acciones ilícitas producidas en la organización que uno integra frente a esta misma (*whistleblowing interno*) o frente a autoridades judiciales o administrativas (*whistleblowing externo*)– (Ragués i Vallès/Belmonte Parra, 2020: 2), ha sido objeto de relevantes comentarios, como se expondrá, en torno a su calificación como desobediencia civil.

4. ENTRE LA ACCIÓN DIRECTA Y LA DESOBEDIENCIA CIVIL. LA PROTESTA OBSTRUCTIVA

Ciertamente, a diferencia de las acciones de protesta más comunes, el activismo digital tiene lugar con acciones que pueden disponer asimismo de una dimensión comunicativa y otra confrontativa, pero cuyos rasgos divergen en gran medida al tener lugar en un medio distinto, a través de las nuevas tecnologías (Züger, 2014: 472). Dos de las más habituales formas en que se infringe la ley con motivación política a través de las nuevas tecnologías son, por un lado, el denominado *hacktivism*, que Delmas define como el uso no autorizado de ordenadores o redes informáticas que, sin embargo, se lleva a cabo con arreglo a ciertos principios (Delmas, 2018: 63 –ofreciendo una tipología de formas de *resistencia electrónica*, concepto más amplio que el de desobediencia electrónica, 71 ss.–). En todo caso, consistirían en controlar parcial o totalmente un sistema informático ajeno (Wengenroth, 2014: 14), por lo que su aspiración dialógica puede ponerse en cuestión. Por el otro, las acciones de revelación de datos confidenciales, denominadas *whistleblowing* cuando se trata de revelación de la comisión de delitos, como se ha expuesto ya.

No todas las acciones referidas pueden, a mi juicio, comprenderse como acciones de protesta. Algunas de ellas, en realidad, son *acciones directas*. Como ha expuesto Smith, se trata de "activismo disruptivo con el que se pretende obstruir o impedir las prácticas a las que se oponen los activistas". No se trata de comunicar oposición, de involucrarse dialógicamente con un interlocutor, sino de impedir directamente aquello que se entiende injusto, de –nuevamente con sus palabras– "conseguir resultados preferidos alterando el cálculo coste-beneficio de los actores relevantes" (Smith, 2018: 13, 17). Algunos de los ejemplos más claros a mi juicio de acción directa son los de los activistas por los derechos de los animales que entran en las instalaciones donde se llevan a cabo actividades ganaderas agrícolas a fin de grabar las condiciones en que se encuentran y difundir el material o los de los activistas por el medio ambiente que causan daños en instalaciones industriales cuyos medios resultan nocivos para aquél (Smith, 2018: 15; Delmas, 2018: 45).

Sin embargo, entre las acciones de protesta disruptiva que se realiza con fines exclusivamente dialógicos pese a la disrupción del orden que causan –acciones realizadas en el espacio público que interrumpen acciones permitidas, como los cortes de carretera–, hay acciones de protesta disruptiva que se asemejan en gran medida a las acciones directas. Se trata de las acciones que impiden directamente la actividad que consideran nociva para la integridad de cierto bien, pero se realizan con fines comunicativos. La interrupción de la actividad objeto de la protesta tiene, por ende, un fin instrumental, llamar la atención con mayor efectividad sobre el problema que representaría esa actividad que interrumpen o impiden. Ejemplos de esta clase de protesta, que podría denominarse *protesta obstructiva*, podrían serlo la acción de quienes entran sin autorización en una granja y, portando pancartas donde señalan su reivindicación, gritan consignas conjuntamente o, quizás con mayor claridad, la acción de quienes gritan consignas frente a una clínica donde se practican abortos, manifestando su rechazo en relación con dicha práctica. Estas acciones están integradas por una dimensión radicalmente dialógica, que le da carácter de protesta, pero asimismo tienen una dimensión directamente obstructiva, que las distingue de la protesta disruptiva.

Aplicado a la desobediencia civil digital, las acciones de *hacktivism* serían con claridad acciones directas (poniendo en cuestión que quepa comprenderlas como acciones de desobediencia civil, Scheuerman, 2016: 310) Si el objetivo es lograr cierta influencia política, ciertamente se tratará de acciones políticas. Sin embargo, ni siquiera pueden considerarse acciones de participación política, puesto que no consisten en el tomar parte en la gestión colectiva de los problemas sociales y, en todo caso, no se trata de acciones radicalmente dialógicas, puesto que están cerradas a la toma de contacto dialógica con quienes llevan a cabo la actividad entendida nociva o injusta o que, sencillamente, constituye el objeto de su acción a fin de lograr un determinado efecto político. Las acciones de *whistleblowing* no parecerían a primera vista distintas. Con ellas, trata de impedirse directamente una injusticia, pudiendo dirigirse también, aunque no necesariamente, a lograr influencia política en favor de la causa correspondiente.

La discusión filosófico-política se ha ocupado particularmente de esta última clase de acciones, tratando de dilucidar si se trata o no de acciones de desobediencia civil, con resultado mayoritariamente afirmativo. Volviendo al ejemplo de Edward Snowden, se sostiene que solamente desde una concepción muy estricta de la desobediencia civil, como la rawlsiana, puede decirse que su acción no fue *pública* y que no aceptó las *consecuencias legales*. Ciertamente, por más que no anunciara con antelación que iba a realizar la acción desobediente –por lo demás, esto habría imposibilitado que se llevara a cabo–, Snowden reveló su identidad y expuso las razones que le movieron a actuar así en cuanto se hicieron públicas las primeras indagaciones sobre los hechos, por lo que puede entenderse cumplido dicho requisito (Brownlee, 2016: 966; Moraro, 2019: 47). En cuanto a la aceptación del castigo, no solamente podría cuestionarse que mostrar fidelidad al Derecho consista en someterse a un procedimiento secreto e irregular como el que se alega que le habría correspondido (Moraro, 2019: 50), sino que –y este argumento resulta más convincente–, exponiendo su identidad asumió el riesgo de ser castigado y la pérdida de sus derechos como ciudadano de los Estados Unidos y su residencia allí (Brownlee, 2016: 967)

Moraro, precisamente, argumenta que su acción "no debería confundirse con la acción directa", pues su "objetivo era llevar a la sociedad a considerar si esas políticas de vigilancia deberían reconsiderarse", por lo que su acto habría sido intencionalmente comunicativo (Moraro, 2019: 48). La defensa de este supuesto particular como acción de desobediencia civil (Moraro, 2019: 51) no parece, sin embargo, coherente con su propia caracterización de la *acción directa*. A su juicio, siguiendo la distinción de Smith expuesta antes, con la acción directa se pretende prevenir algo injusto y no sencillamente comunicar oposición a un acontecimiento injusto. Matiza, además, que "[p]or supuesto, muchas de estas acciones se dirigen a llamar la atención pública hacia las injusticias percibidas y comprometer a la opinión pública con la necesidad de trabajar en un cambio legislativo. Pero el fin comunicativo no es el objetivo *definitorio* de estas acciones" (Moraro, 2019: 35 s., 151 [n. 15]). En mi opinión, eso es precisamente lo que ocurre en el caso de Snowden y, en general, en los supuestos de *whistleblowing*. Que una acción tal tenga motivación política, como ya se ha expuesto, no la convierte en una acción de participación política ni en una acción de protesta. También el *hacktivism* puede realizarse con el objetivo de lograr influencia política e incluso acciones de violencia física pueden estar dirigidas a ese mismo fin. Sin embargo, todas ellas carecen de un *sentido objetivo dialógico*, por más que se pretenda que la acción tenga como efecto hacer posible el diálogo sobre un determinado tema al que apunta.

Las acciones de *whistleblowing* son, por ende, también acciones directas que, más allá de la posibilidad de ser lícitas con arreglo al estado de necesidad si no hay regulación específica al respecto (sobre el efecto oclusivo de la regulación estatal sobre la aplicación del estado de necesidad, véase Tomás-Valiente Lanuza, 2009) por lo demás pueden ser lícitas con arreglo a la regulación de los denominados "informantes" –por ejemplo, en España, en la ley 2/2023, reguladora de la protección de las personas que informen sobre infracciones normativas y de lucha contra la corrupción– (al respecto, Jericó Ojer, 2023). En mi opinión, como se sigue de lo expuesto hasta aquí, es incorrecto metodológicamente preguntarse por si una determinada acción reúne alguno de los elementos conceptuales de la desobediencia civil –en el caso de la discusión acerca del caso de Snowden, el carácter público de la acción y la aceptación del castigo particularmente– sin determinar antes si se trata de una acción subsumible en la matriz conceptual de aquélla, la acción de protesta.

Cabe, sin embargo, identificar alguna acción de activismo digital que sí puede considerarse una auténtica acción de protesta y que, por ende, es susceptible de ser comprendida como una acción de desobediencia civil. Las denominadas *virtuelle Sit-Ins* (Wengenroth, 2014) no son acciones de *hacktivism*, puesto que no se trata de controlar parcial o totalmente un sistema informático ajeno, sino solamente de hacerlo inoperativo momentáneamente. Se envían tantas solicitudes a un servidor, que éste se colapsa por completo o, al menos, reduce su capacidad de funcionamiento. El agente no se introduce en el sistema, no se sufren daños de ningún tipo ni se pierden o modifican datos. Solamente se impide o dificulta el acceso a una página web alojada en dicho servidor (Wengenroth, 2014: 14).

Las *Sit-Ins* o *sentadas* son definidas por Gene Sharp como acciones de intervención física no-violenta consistentes en ocupar un determinado espacio físico por un periodo limitado en un solo acto o una serie de acciones con el objetivo de perturbar el patrón habitual de cierta actividad (Sharp, 1973: 371 ss.). Esta clase de acciones, como se ha expuesto ya, pueden constituir una acción de protesta disruptiva o de protesta obstructiva, pero, en todo caso, son identificables como actos de oposición comunicativa radicalmente dialógicos. Que las sentadas virtuales puedan comprenderse como de la misma clase, ciertamente requiere mayor discusión, pero su menor contenido disruptivo/obstructivo favorece su carácter comunicativo, de modo que, si van acompañadas, también, de una manifestación pública colectiva en línea, comprenderlas como acciones de oposición política comunicativa radicalmente dialógicas, como acciones de protesta, es a mi juicio razonable. Si bien se trata de acciones subsumibles probablemente en el § 303b StGB –*Computersabotage*– (Wengenroth, 2014: 27 ss.) y en el 264 bis del Código penal español (González Hurtado, 2013: 212 ss.) cuyo encaje en los derechos a la libre expresión (así, Wengenroth, 2014: 79 ss.) o de reunión y manifestación no resulta sencillo –por diversas razones que no pueden explorarse aquí–, de tratarse de acciones antijurídicas podrían, sin embargo, llegar a considerarse acciones de desobediencia civil (así parece hacerlo, por ejemplo, Delmas, 2018: 79. Refiriendo que esta clase de acciones virtuales han sido las que tradicionalmente se han aceptado en mayor medida como acciones de desobediencia civil pero, sin embargo, cuestionando que no deba extenderse el concepto a otras acciones de activismo digital, Züger, 2013: 4), excluyéndose, al menos, la imposición de pena al no constituir un *injusto penal*. Esta conclusión, en todo caso, tanto respecto de las acciones propias del activismo digital como de las que tradicionalmente se han vinculado a la desobediencia civil, requiere una densa argumentación que explique convincentemente, primero, por qué las acciones de protesta extrainstitucional próximas al ámbito de un derecho fundamental pueden no merecer pena y, después, qué rasgos deben reunir.

BIBLIOGRAFÍA

Abu El-Haj (2020) "Defining Nonviolence as a Matter of Law". En Schwartzberg (ed.), Protest and Dissent. New York: New York University Press, pp. 201-236.

Akbarian, Samira (2023) *Ziviler Ungehorsam als Verfassungsinterpretation*. Tübingen: Mohr Siebeck.

Arendt, Hannah (1972) "Civil Disobedience". Crises of the Republic. New York: Harcourt, pp. 49-102.

Bedau, Hugo (1961) "On Civil Disobedience", *The Journal of Philosophy*, Vol. 58, núm. 21, pp. 653-665.

Bedau, Hugo (2002) "Civil Disobedience and Personal Responsibility for Injustice". En Bedau, Hugo (ed.), Civil Disobedience in focus. London: Routledge, pp. 49-67.

Ragués i Vallès/Belmonte Parra (2021), "El incentivo de las denuncias como instrumento de prevención y persecución penal. Presente y futuro del whistleblowing en Chile", *Política Criminal*, Vol. 16, núm. 31, pp. 1-29.

Blühdorn, Ingolfur (2017) *Simultative Demokratie. Neue Politik nach der postdemokratischen Wende*, 2ª ed. Berlin: Suhrkamp.

Blühdorn, Ingolfur/Butzlaff, Felix (2020) "Democratization beyond the post-democratic turn: towards a research agenda on new conceptions of citizen participation", *Democratization*, vol. 27, núm. 3, pp. 369-388.

Braune, Andreas (2019) "Martin Luther King. Einleitung: Ungehorsam im Kampf um Bürgerrechte". En Braune, Andreas (ed.), Ziviler Ungehorsam. Texte von Thoreau bis Occupy. Stuttgart: Reclam, pp. 77-78.

Brownlee (2012), *Conscience and Conviction: The Case for Civil Disobedience*. Oxford: Oxford University Press.

Brownlee (2016) "The civil disobedience of Edward Snowden: A reply to William Scheuerman", Vol. 42, núm. 20, pp. 965-970.

Castañeda, Ernesto (2020) "Challenging the 1 percent. The Indignados and Occupy Movements". En Tilly, Charles/Castañeda, Ernesto/Wood, Lesley, Social Movements, 1768-2018. 4ª ed. New York: Routledge, pp. 194-207.

Celikates, Robin (2021) "Radical Democratic Disobedience". En Scheuerman, William E. (ed.), The Cambridge Companion to Civil Disobedience. Cambdrige: Cambridge University Press, pp. 128-152.

Cervera-Marzal, Manuel (2024) "Can We Disobey in Democracy? Three Points of View", *Chinese Political Science Review*, núm. 9, pp. 18-35.

Cotarelo, Ramón (1987), *Resistencia y desobediencia civil*. Madrid: Eudema.

Crouch, Colin (2004), *Posdemocracia*. Barcelona: Taurus.

Crouch, Colin (2016) "The March Towards Post-Democracy, Ten Years On", *The Political Quarterly*, Vol. 87, núm. 1, pp. 71-75.

Delmas, Candice (2018), *A Duty to Resist. When Disobedience Should be Uncivil*. Oxford: Oxford University Press.

Delmas, Candice (2018), "Is Hacktivism the New Civil Disobedience?", *Raisons politiques*, núm. 69, pp. 63-81.

Delmas, Candice (2020) "Uncivil Disobedience". En Schwartzberg (ed.), Protest and Dissent. New York: New York University Press, pp. 9-44.

Dreier, Ralf (1983) "Widerstandsrecht im Rechtstaat? Bemerkungen zum zivilen Ungehorsam". En Achterberg, Norbert et al. (eds.), Öffentliches Recht und Politik. Festschrift für Hans Ulrich Scupin zum 70. Geburtstag. Berlin: Duncker & Humblot, pp. 81-106.

Dreier, Ralf (1985) "Rechtsgehorsam und Widerstandsrecht". En Broda, Christian (ed.), *FS-Wassermann*. Darmstadt: Luchterhand, pp. 299-316.

Dreier, Ralf (2015) "Widerstandsrecht und ziviler Ungehorsam im Rechtstaat". En Glotz, Peter (ed.), Ziviler Ungehorsam im Rechtstaat. 3ª ed. Berlin: Surhkamp, pp. 54-75.

Dworkin, Ronald (1968) "On Not Prosecuting Civil Disobedience", *The New York Review of Books*, núm. 6, pp. 14-21.

Dworkin, Ronald (1977) "Civil Disobedience". En Dworkin, Taking Rights Seriously. Cambridge: Harvard University Press, pp. 206-222.

Dworkin, Ronald (2019) "Ethik und Pragmatik des zivilen Ungehorsams". En Braune (ed.), Ziviler Ungehorsam. Texte von Thoreau bis Occupy. Stuttgart: Reclam, pp. 253-278

Edmundson, William (2006) "The Virtue of Law-Abidance", *Philosophers' Imprint*, Vol. 6, núm. 4, pp. 1-21.

Fernández Perales, Francisco (2021) "La relevancia jurídico-penal del exceso en el ejercicio de derechos fundamentales en el caso «Aturem el Parlament»: Comentario a la STC 133(2021, de 24 de junio", *InDret*, núm. 4, pp. 484-500.

Fernández Perales, Francisco (2022) "La colisión de derechos en la dogmática jurídico-penal", *Anuario de Derecho penal y ciencias penales*, t. 75, pp. 753-801.

Gandhi, M.K. (1962) "On the Duty of Civil Disobedience". En Gandhi, The Collected Works of Mahatma Gandhi, t. VII. Ahmedabad: The Publications Division, p. 211.

Gandhi, M.K. (1962) "Duty of Disobeying Laws". En Gandhi, The Collected Works of Mahatma Gandhi, t. VII. Ahmedabad: The Publications Division, pp. 217-218.

Gandhi, M.K. (1963) "Preface to Leo Tolstoy's "Letter to a Hindoo"". En Gandhi, The Collected Works of Mahatma Gandhi, t. X, Ahmedabad: The Publications Division, pp. 1-5.

García Yzaguirre (2022), "«Prima facie»", *Eunomía*, núm. 23, pp. 271-288.

Gilcher-Holtey, Ingrid (1998) "Mai 68 in Frankreich", *Geschichte und Gesellschaft*, Vol. 17, 1998, pp. 11-34.

Giugni, Marco/Grasso, Maria (2020) "Nothing is lost, nothing is created, everything is transformed. From labor movements to anti-austerity protests". En Flesher Fominaya/Feenstra (ed.), Routledge Handbook of Contemporary European Social Movements. Protest in Turbulent Times. London: Routledge, pp. 129-141.

Günther, Hans-Ludwig (1992) "Verwerflichkeit von Nötigungen trotz Rechtfertigungsnäge? Zugleich ein Beitrag zur Sitzblockadeproblematik". En Arzt, Gunther et al. (eds.), Festschrift für Jürgen Baumann zum 70. Geburtstag. Bielefeld: Gieseking, pp. 213-226.

Falcón y Tella (2000) "Desobediencia paralegal", *Anuario de derechos humanos*, núm. 1, pp. 37-60.

González Hurtado, *Delincuencia informática: Daños informáticos del artículo 264 del Código penal y propuesta de reforma*, Tesis doctoral inédita –dirigida por la Prof. Requejo Naveros–, 2013.

Habermas, Jürgen (2015) "Ziviler Ungehorsam – Testfall für den demokratischen Rechtsstaat. Wider den autoritären Legalismus in der Bundesrepublik". En Glotz, Peter (ed.), Ziviler Ungehorsam im Rechtstaat. 3ª ed. Berlin: Surhkamp, pp. 29-53.

Hanson, Russell L. (2021) "The Domestication of Henry David Thoreau". En Scheuerman, William E. (ed.), The Cambridge Companion to Civil Disobedience. Cambdrige: Cambridge University Press, pp. 29-55.

Ibarra, Pedro/Letamendia, Francisco/Ahedo, Igor (2023) "Movimientos sociales". En Caminal Dadia, Miquel/Torrens, Xavier (eds.), Manual de ciencia política. 7ª ed. Barcelona: Tecnos, pp. 385-415.

Jäger, Christian (2024) "Rechtsbewährung durch Notwehr gegen freiheitsbeschränkende Klimaproteste – welche Position sollte das Strafrecht im Kampf um den Schutz unserer natürlichen Lebensgrundlagen einnehmen?". En Dimitratos et al (eds), Grenzen und Zukunft des Strafrechts. Festschrift für Christos Mylonopoulos. Atenas: P.N. Sakkoulas, pp. 101-114.

     Francisco Fernández Perales

Jericó Ojer (2023), "Primeras aproximaciones a la Ley reguladora de la protección de la persona informante y de lucha contra la corrupción: sus principales implicaciones desde la perspectiva penal", *Revista electrónica de ciencia penal y criminología*, núm. 25, pp. 1-55.

Ladwig, Bernd (2018) "Ziviler Ungehorsam und Widerstand. Begriffe und Begründungen politischer Regelverletzungen im demokratischen Rechtsstaat". En Sᴄʜᴡᴇɪᴋᴀʀᴅ et al. (eds.), Ein Recht auf Widerstand gegen den Staat? Verteidigung und Kritik des Widerstandsrechts seit der europäischen Aufklärung. Tübingen: Mohr Siebeck, pp. 3-30.

Laker, Thomas (1986), *Ziviler Ungehorsam. Geschichte – Begriff – Rechtfertigung*. Baden-Baden: Nomos.

Livingston, Alexander (2019) "Against Civil Disobedience: On Candice Delmas' *A Duty to Resist: When Disobedience Should be Uncivil* (New York: Oxford University Press, 2018)", *Res Publica*, Vol. 25, núm. 4, 2019, pp. 591-597.

Locke, John (1967) *Two Treatises of Government*. 2ª ed. Cambdridge: Cambridge University Press.

Markovits, Daniel (2005) "Democratic Disobedience", *The Yale Law Journal*, Vol. 114, núm. 8, pp. 1898-1948.

Martí, José Luis (2021) "The right to protest and contestation in a deliberative democracy". En Belov, Martin (ed.), Peace, Discontent and Constitutional Law. Challenges to Constitutional Order and Democracy. London: Routledge, pp. 30-50.

Megías, Adrián/Moreno, Cristina/Villaplana, Ramón (2024) "Desafección política: una propuesta de reconceptualización", *Revista Internacional de Pensamiento Político*, Vol. 19, pp. 305-325.

Miller, Caleb (2020) *Living under Post-Democracy. Citizenship in Fleetingly Democratic Times*. New York: Routledge.

Moraro (2019), *Civil Disobedience. A Philosophical Overview*. London: Bloomsbury.

Ortiz, Isabel et al. (2022), *World Protests. A Study of Key protest Issues in the 21st Century*. Schweiz: Palgrave Macmillian.

Pasternak, Avia (2025), *No Justice, No Peace: The Ethics of Violent Protests*. Oxford: Oxford University Press.

Pastor Verdú, Jaime (2006) "Los movimientos sociales. De la crítica de la modernidad a la denuncia de la globalización", *Intervención Psicosocial*, Vol. 15, núm. 2, pp. 133-147.

Pineda, Erin (2021) "Martin Luther King, Jr. And the Politics of Disobedient Civility". En Scheuerman, William E. (ed.), The Cambridge Companion to Civil Disobedience. Cambdrige: Cambridge University Press, pp. 56-79.

Pross, Harry (1992), *Protestgesellschaft*. München: Artemis und Winkler.

Rancière, Jacques (1999) *Disagreement and philosophy*. Minneapolis: University of Minnesota Press.

Rawls, John (1958) "Justice as Fairness", *The Philosophical Review*, Vol. 67, núm. 2, pp. 164-194.

Rawls, John (1969) "The Justification of Civil Disobedience". En Bedau (ed.), Civil Disobedience. Theory and Practice. New York: Pegasus, pp. 240-255.

Rawls, John (1999) *A Theory of Justice*, rev. ed. Cambridge: Harvard University Press.

Reichert-Hammer, Hansjörg (1991), *Politische Fernziele und Unrecht: ein Beitrag zur Lehre von der Strafrechtswidrigkeit unter besonderer Berücksichtigung der Verwerflichkeitsklausel des § 240 Abs. 2 StGB*. Berlin: Duncker & Humblot.

Riechmann, Jorge (1994) "El desarrollo de los nuevos movimientos sociales. Cronología (1945-1989) de una crisis de civilización". En Riechmann, Jorge/Fernández Buey, Francisco, Redes que dan libertad. Introducción a los nuevos movimientos sociales. pp. 203-252.

Romanos, Eduardo (2018) "Del 68 al 15M: continuidades y rupturas entre ciclos de protesta", *Arbor*, Vol. 194, núm. 787, pp. 1-11.

Rucht, Dieter (2009) "Soziale Bewegungen". En Fuchs/Roller (eds.), Lexikon Politik. Hundert Grundbegriffe. Stuttgart: Reclam, pp. 272-275.

Scheuerman, William E. (2016) "Digital disobedience and the law", Vol. 38, núm. 3, pp. 299-314.

Sharp, Gene (1973), *The Politics of Nonviolent Action. Part Two. The Methods of Nonviolent Action*. Boston: Porter Sargent Publishers.

Silva Sánchez (2010), *Aproximación al Derecho penal contemporáneo*. 2ª ed. BdeF: Montevideo.

Smith, William (2011), "Civil Disobedience and the Public Sphere", *The Journal of Political Philosophy*, Vol. 19, núm, 2, pp. 145-166.

Snow, David (2023) "Social Movements". En Snow et al. (eds.), The Wiley Blackwell Encyclopedia of Social and Political Movements. 2ª ed. 2023. New Jersey: Wiley-Blackwell, pp. 1-8.

Thoreau, Henry David (1996) "Resistance to Civil Government". En Thoreau, Political Writings, Cambridge: Cambridge University Press, pp. 1-22.

Tilly, Charles (2020) "Twentieth-Century Expansion and Transformation". En Tilly, Charles/Castañeda, Ernesto/Wood, Lesley, Social Movements, 1768-2018. 4ª ed. New York: Routledge, pp. 68-98.

Tomás-Valiente Lanuza (2009), *El efecto oclusivo entre causas de justificación*. Granada: Comares.

Torcal, Mariano/Montero, José Ramón (2006) "Political disaffection in comparative perspective". En Torcal, Mariano/Montero, José Ramón (ed.), Political Disaffection in Contemporary Democracies. Social capital, institutions, and politics. Oxford: Routledge, pp. 3-20.

Ugartemendia Eceizabarrena (1999), *La desobediencia civil en el Estado constitucional democrático*. Madrid: Marcial Pons.

Uriarte, Edurne (2010), *Introducción a la Ciencia Política. La política en las sociedades democráticas*. 2ª ed. Madrid: Tecnos.

Valencia, Ángel (2009) "Capítulo 18. Retos contemporáneos de la política (I): los movimientos sociales y el ecologismo". En del Águila (ed.), Manual de ciencia política. 6ª ed. Madrid: Trotta, pp. 451-476.

Vallès (2007), *Ciencia Política. Una introducción*. 6ª ed. Barcelona: Ariel.

Velasco, Juan Carlos (1996) "Tomarse en serio la desobediencia civil. Un criterio de legitimidad democrática", *Revista internacional de filosofía política*, núm. 7, pp. 159-184.

Virgl, Christoph (2011), *Protest in der Weltgesellschaft*. Wiesbaden: VS Verlag.

Wengenroth, Lenard (2014), *Zur Strafbarkeit von virtuellen Sit-Ins. Zugleich ein Beitrag zur (Mit)Täterschaft bei minimalen Tatbeiträgen*. Berlin: Duncker & Humblot.

Williams, Linda/Rudd, Damien (2025) "Extinction Rebellion and non-violent civil disobedience". En von Mering et al. (eds.), *The Routledge Handbook of Grassroots Climate Activism*, pp. 309-321.

     Francisco Fernández Perales

Zimmermann, Till (2025) "Ziviler Ungehorsam als Strafunrechtsausschließungsgrund", *KriPoZ*, núm. 1, pp. 30-36.

Züger, Theresa (2013) "Re-thinking civil disobedience", *Internet Policy Review*, Vol. 2, núm. 4, pp. 1-10.

Züger, Theresa (2014) "Digitaler ziviler Ungehorsam. Spurensuche der Dissidenz im digitalen Zeitalter", *Juridikum*, núm. 4, pp. 472-482.

CAPÍTULO SEXTO.

TECNOLOGÍAS APLICADAS AL SALVAMENTO MARÍTIMO EN ESPAÑA: HERRAMIENTAS PARA PROTEGER LA VIDA HUMANA EN CONTEXTOS MIGRATORIOS

TECNOLOGÍAS APLICADAS AL SALVAMENTO MARÍTIMO EN ESPAÑA: HERRAMIENTAS PARA PROTEGER LA VIDA HUMANA EN CONTEXTOS MIGRATORIOS

María de los Ángeles Bellido Lora
Universidad de Cádiz[34]

Sumario: 1. Introducción. 2. El marco jurídico y operativo del salvamento marítimo: el caso de España. 2.1 El marco jurídico internacional de la búsqueda y el salvamento marítimo. 2.2 Actores y desafíos en el sistema español de salvamento marítimo. 3. Tecnologías aplicadas a las operaciones de salvamento. 3.1 Tecnologías para la vigilancia fronteriza y la detección temprana de embarcaciones en peligro. 3.2 Tecnologías para la coordinación y ejecución del rescate. 3.3 Herramientas emergentes y su potencial en la gestión migratoria: la inteligencia artificial como herramienta para los rescates. 4. El impacto jurídico y ético de las tecnologías emergentes en la gestión migratoria y sus vacíos normativos. 5. Ideas finales. Bibliografía.

1. INTRODUCCIÓN

En la última década, las rutas de migración marítima hacia España, especialmente a través del Mediterráneo occidental y la ruta atlántica hacia las Islas Canarias, se han consolidado como las principales vías de acceso para miles de personas que buscan mejores oportunidades

---

[34]   Investigadora FPI en el Área de Derecho Internacional Público y Relaciones Internacionales de la Universidad de Cádiz (marian.bellido@uca.es). Trabajo realizado en el marco del proyecto PID2023-149810NB-I0, "Hacia una geoestrategia y política exterior de España y la UE para la región del estrecho: Gibraltar, Ceuta y Melilla, Marruecos y el Sáhara Occidental (GEOESTRECHO)", Ministerio de Ciencia, Innovación y Universidades, Generación del Conocimiento, IP Inmaculada González, y del proyecto FEDER-UCA-2024-A1-37, "La llegada masiva de inmigrantes a las fronteras meridionales exteriores europeas: estudio comparativo España, Italia y Malta desde la perspectiva del derecho internacional y de la UE", Plan Propio de Apoyo y Estímulo a la Investigación y la Transferencia, IP Ángeles Jiménez García-Carriazo.

y una vida más segura. No obstante, la ausencia de canales legales de migración hacia Europa ha derivado en un aumento sostenido del número de llegadas irregulares a las costas europeas, a pesar de los altos riesgos que implica el uso de estas trayectorias marítimas.

En este contexto, los datos recopilados por diversos organismos internacionales reflejan la magnitud de una crisis humanitaria que se extiende a lo largo de las fronteras marítimas exteriores de la Unión Europea (UE), convirtiéndolas en el escenario de recurrentes situaciones de emergencia en el mar. Así lo ha evidenciado la Organización Internacional para las Migraciones (OIM), que, a través del proyecto Migrantes Desaparecidos, ha contabilizado más de 32.700 muertes y desapariciones en la región mediterránea durante la última década (OIM, 2025).

España, como Estado ribereño que se caracteriza por su extensa línea costera, su posición geoestratégica de acceso al Mediterráneo desde el Atlántico y por su proximidad al continente africano, se configura como uno de los principales puntos de entrada a Europa. En particular, áreas de alta intensidad migratoria, como el Estrecho de Gibraltar y las costas de las Islas Canarias, han sido escenario de múltiples emergencias marítimas que han requerido de la intervención y actuación de los servicios de búsqueda y salvamento competentes. Desafortunadamente, estas regiones no han quedado exentas de tragedias, pues solo en los primeros cinco meses de 2025 se han registrado la desaparición de 38 embarcaciones que se dirigían hacia España, saldándose un total de 1.865 víctimas, entre ellas más de 300 niños y 112 mujeres (Caminando Fronteras, 2025).

A través de las autoridades con competencia en materia de búsqueda y salvamento marítimo, España desempeña un rol fundamental en la protección de la vida humana en estas rutas marítimas. No obstante, la intensificación de los flujos migratorios ha puesto a prueba los métodos tradicionales de búsqueda y rescate, que en muchos casos se ven desbordados por la magnitud y la complejidad del fenómeno, teniendo que hacer frente a nuevos retos como el control, cada vez más frecuente, que las redes criminales de tráfico de inmigrantes ejercen sobre estos flujos. En consecuencia, aspectos como la detección temprana, la fluidez en las comunicaciones y la adecuada organización de los recursos se tornan imprescindibles para garantizar la eficacia de la respuesta ofrecida, cuyo último fin es salvar el mayor número posible de vidas.

   María de los Ángeles Bellido Lora

En este marco, el presente trabajo se propone analizar y evaluar de qué manera las innovaciones tecnológicas pueden contribuir a afrontar los retos que plantea la ejecución de operaciones de búsqueda y salvamento marítimo en contextos de alta intensidad migratoria, así como a reforzar la eficacia de estas operaciones, priorizando la protección de la vida y el respeto de los derechos humanos de estas personas en el mar.

Para ello, el presente estudio ofrece, en primer lugar, un panorama actualizado del sistema de búsqueda y rescate en España, identificando los principales actores implicados y los desafíos operativos que enfrentan (II).

Seguidamente, se examinan las tecnologías actualmente empleadas en las distintas fases de una operación de salvamento, desde la vigilancia fronteriza y la detección de embarcaciones, hasta la coordinación y ejecución del rescate.

Asimismo, se explora el potencial de herramientas emergentes, tales como la Inteligencia Artificial, para asistir en la toma de decisiones y optimizar la respuesta operativa (III).

Posteriormente, el trabajo reflexiona sobre la capacidad de estas tecnologías para erigirse en instrumentos orientados a la salvaguarda de la vida humana y de los derechos fundamentales en el ámbito marítimo, frente a la tensión que genera su eventual utilización con fines de control fronterizo, así como los dilemas éticos y jurídicos que de ello se desprenden (IV).

Finalmente, un quinto apartado (V) concluye con las ideas finales que reflexionan sobre el uso actual y potencial de la tecnología en contextos migratorios.

2. EL MARCO JURÍDICO Y OPERATIVO DEL SALVAMENTO MARÍTIMO: EL CASO DE ESPAÑA

Las operaciones de búsqueda y salvamento marítimo representan la forma operativa mediante la cual los Estados cumplen con la obligación fundamental de proteger la vida humana en el mar (Koka & Veshi, 2019: 49). Esta función adquiere una relevancia particular en contextos de elevada intensidad migratoria, como los que se registran en las fronteras marítimas exteriores de Europa, y se concreta mediante el establecimiento y la organización de sus servicios de rescate de la manera más optima posible, a fin de garantizar una respuesta eficaz ante situaciones críticas.

Para comprender adecuadamente el funcionamiento de este sistema, este apartado pretende, en primer lugar, examinar el marco jurídico internacional que establece las obligaciones de los Estados en materia de auxilio en el mar y, posteriormente, analizar el modo en el que dichas disposiciones se concretan en la práctica española, identificando los principales actores implicados y los desafíos a los que deben hacer frente en la gestión de situaciones de emergencia en el mar.

2.1. EL MARCO JURÍDICO INTERNACIONAL DE LA BÚSQUEDA Y EL SALVAMENTO MARÍTIMO

Al abordar el marco jurídico internacional que regula las operaciones de búsqueda y salvamento en el mar, la doctrina coincide en identificar el deber de prestar auxilio a cualquier persona en peligro en el mar, establecido en el artículo 98 de la Convención de Naciones Unidas sobre el Derecho del Mar (CNUDM, 1982), como el eje central que conecta y articula las disposiciones internacionales en materia de seguridad marítima y, en particular, las funciones relativas a la búsqueda y el salvamento marítimo.

La obligación de proteger la vida humana en el mar constituye, además, una norma de carácter consuetudinario, profundamente arraigada en la tradición marinera. Se trata, por tanto, de una práctica reiterada y generalizada que ha sido aceptada como derecho consuetudinario (Papastavridis, 2013: 294). No obstante, su contenido se ha visto reforzado por la codificación en diversos instrumentos internacionales, necesarios para clarificar y precisar las responsabilidades y obligaciones estatales en esta materia. Entre ellos destacan, además de la propia CNUDM, dos convenios adoptados en el marco de la Organización Marítima Internacional (OMI), estos son, el Convenio Internacional para la Seguridad de la Vida Humana en el Mar (SOLAS, 1974) y el Convenio Internacional sobre Búsqueda y Salvamento Marítimo (SAR, 1979).

Sin embargo, pese a estar reconocida como una obligación en virtud del derecho internacional y ser frecuentemente percibida como un deber moral, la asistencia a personas en peligro en el mar no ha logrado proporcionar respuestas operativas eficaces para hacer frente al complejo fenómeno migratorio actual (Kosmas et al., 2022: 1885).

     María de los Ángeles Bellido Lora

En este sentido, los propios instrumentos jurídicos disponibles han sido objeto de críticas por su insuficiencia a la hora de dar respuesta a los retos vinculados a la actual situación migratoria en el Mediterráneo, donde se hace imprescindible cubrir aspectos relacionados con la protección de los derechos humanos, el asilo y el refugio, aspectos que no fueron contemplados expresamente en los textos originales de estos instrumentos, y para los que ha sido necesario acudir a diversas enmiendas[35] para incluir ciertas clarificaciones (Cataldi, 2021).

Con todo, tanto el Convenio SOLAS como el Convenio SAR han realizado importantes aportaciones para reforzar la seguridad en la navegación y establecer directrices operativas claras que permitan desarrollar de manera eficaz las operaciones de rescate, complementando el deber general de auxilio en el mar. En este sentido, el Convenio SOLAS, aunque es un instrumento concebido originariamente para garantizar la seguridad marítima mediante normas de construcción y medidas de seguridad durante la navegación, también ha incorporado disposiciones relevantes relativas a las obligaciones de salvamento y al deber de prestar auxilio (SOLAS, 1974: cap. V, regla 33.1).

Por su parte, el Convenio SAR, conocido como el instrumento diseñado para establecer el sistema de cooperación internacional en materia de búsqueda y salvamento, regula tanto la organización como la coordinación de los servicios de rescate de los Estados ribereños de todas las áreas marítimas del mundo. Bajo la necesidad de estandarizar y reforzar la eficacia de estos servicios a nivel global, este Convenio proporciona el marco legislativo necesario para ejecutar estos servicios y garantizar la cooperación entre Estados en el desarrollo de operaciones de búsqueda y rescate (SAR, 1979: cap. 3, Regla 3.1.1). Entre sus disposiciones más relevantes destacan las que obligan a la creación de los denominados Centros de Coordinación de Salvamento (CCS), responsables de la organización de estas operaciones y que deben estar en funcionamiento las 24 horas del día y equipados con los medios técnicos adecuados para garantizar

---

35 Cabe destacar especialmente las enmiendas adoptadas por el Comité de Seguridad Marítima de la OMI en el marco del reglamento sobre búsqueda y salvamento marítimos: «Adopción del Convenio internacional para la seguridad de la vida humana en el mar, 1974, en su forma enmendada», Resolución MSC 153(78) (20 de mayo de 2004); «Adopción del Convenio Internacional sobre Búsqueda y Salvamento Marítimos, 1979, en su forma enmendada», Resolución MSC 155(78); «Directrices sobre el trato de las personas rescatadas en el mar», Resolución MSC 167(78) (20 de mayo de 2004).

las comunicaciones con las embarcaciones que se encuentren en sus áreas de responsabilidad, así como con otras autoridades nacionales o internacionales que puedan colaborar en el desarrollo de estas operaciones (SAR, 1979: cap. 2, Regla 2.3).

2.2. ACTORES Y DESAFÍOS EN EL SISTEMA ESPAÑOL DE SALVAMENTO MARÍTIMO

En España, el sistema de búsqueda y salvamento marítimo se caracteriza por la participación de una pluralidad de actores que intervienen en las distintas fases de una operación de rescate. Desde la Sociedad de Salvamento y Seguridad Marítima (SASEMAR), organismo responsable de coordinar dichas operaciones, hasta la Guardia Civil, que desempeña un papel central tanto en la vigilancia de fronteras marítimas como en el apoyo directo a las operaciones de rescate, son diversas las autoridades y entidades que, a nivel nacional, regional y local, colaboran de manera complementaria para garantizar la eficacia de estas intervenciones en el mar.

Cumpliendo una triple función, SASEMAR se alza como el organismo dedicado al control del tráfico marítimo, a la protección y conservación del medio marino y, finalmente, al cumplimiento de las obligaciones internacionales asumidas por España en materia de búsqueda y rescate. No obstante, para llevar a cabo esta última misión, este organismo se apoya en la cooperación de otros servicios, como el Servicio Marítimo de la Guardia Civil (SEMAR), cuya labor resulta fundamental en la detección e interceptación de embarcaciones en situación de riesgo en el mar.

Asimismo, también existe una asistencia inmediata en tierra, con entidades como Cruz Roja y otras organizaciones no gubernamentales (ONGs), que proporcionan atención humanitaria y sanitaria a las personas rescatadas. En particular, el papel de las ONGs ha ido adquiriendo una mayor importancia en los rescates pues, en los últimos años, han actuado en zonas donde los recursos estatales eran insuficientes o inexistentes, proporcionando un apoyo indispensable.

Finalmente, también es necesario considerar la cooperación internacional con los servicios de rescate de los Estados vecinos. En particular, Marruecos, a través de la Armada Real y sus propios servicios de salvamento, comparte con España áreas de responsabilidad en el Estrecho de Gibraltar y en la fachada atlántica frente a las Islas Canarias. En estas zonas, donde ambos Estados comparten la obliga-

     María de los Ángeles Bellido Lora

ción de prestar auxilio, la cooperación operativa entre ambos países se torna crucial para reforzar las capacidades de respuesta y garantizar la protección de vidas humanas.

En definitiva, la diversidad de actores implicados hace indispensable el establecimiento de mecanismos de cooperación claros, con comunicaciones consistentes y eficaces, a fin de superar los retos que caracterizan las operaciones de rescate en contextos de alta intensidad migratoria.

Entre los desafíos operativos más relevantes se encuentra la detección tardía de embarcaciones en peligro. En particular, las rutas empleadas para la migración irregular se distinguen por su extensión, por atravesar zonas poco vigiladas y por ser recorridas en embarcaciones precarias, frecuentemente sobrecargadas, que no reúnen las condiciones mínimas de seguridad para la navegación (González García, 2019). Por todo ello, son múltiples las ocasiones en las que estos trayectos han derivado en emergencias críticas de peligro en el mar, que requieren de una rápida y efectiva respuesta.

El principal obstáculo surge cuando la situación de peligro en el mar no se identifica oportunamente, y como consecuencia, la respuesta otorgada por los servicios de rescate responsables se ralentiza y eleva el riesgo de pérdidas de vidas humanas. Esta tardanza obedece, entre otros factores, a una coordinación limitada entre los múltiples actores involucrados, al no existir unanimidad a la hora de interpretar si existe o no peligro para una embarcación.

Según los medios humanos y materiales disponibles, se puede llegar a deducir que una embarcación está en peligro por su inadecuación para la navegación, por ejemplo, al carecer del equipamiento de seguridad necesario o de los sistemas de comunicaciones obligatorios. Asimismo, la valoración del riesgo también depende de si existe una sobrecarga de pasajeros en la embarcación, especialmente si hay presencia de colectivos vulnerables como niños o mujeres embarazadas, o simplemente por la presencia de condiciones meteorológicas adversas (Consejo de la Unión Europea, 2010). Sin embargo, los medios disponibles en algunos Estados para realizar rápidamente esta evaluación de la situación son, en ocasiones, limitados. En otros casos, los Estados optan por intervenir únicamente cuando la embarcación se encuentra en estado crítico, es decir, en riesgo inminente de hundimiento, porque es cuando entienden que existe esa situación de peligro (Klepp, 2011: 553-554).

Esta praxis, consistente en retrasar la intervención hasta que la situación resulta prácticamente irreversible, conduce a operaciones de rescate tardías que aumentan el número de víctimas en el mar, aun cuando la cooperación entre Estados se concibe como un refuerzo de los medios disponibles para prevenir estas emergencias, y no solo para actuar cuando el daño se ha producido.

Lamentablemente, episodios de este tipo han sido documentados en áreas de responsabilidad compartidas entre España y Marruecos, donde la demora en detectar y declarar la existencia de una situación de peligro y, por tanto, la ejecución tardía del rescate, ha derivado en naufragios con pérdida de vidas en el mar (Bellido Lora, 2024).

3. TECNOLOGÍAS APLICADAS A LAS OPERACIONES DE SALVAMENTO

El entorno marítimo presenta desafíos singulares que lo convierten en un espacio de difícil control y análisis. Su vastedad y complejidad dificultan, por ejemplo, contabilizar de manera precisa el número de personas fallecidas o desaparecidas en el mar, así como monitorear y denunciar posibles violaciones de derechos fundamentales que puedan producirse en este ámbito. En este sentido, diversos autores han advertido la existencia de una verdadera "ceguera" en el mar, difícil de superar y con consecuencias directas para el respeto y la protección de los derechos humanos de las personas migrantes que emprenden estas travesías (Human Rights at Sea, 2022).

En un contexto de elevada intensidad migratoria, esta vulnerabilidad se acentúa, ya que el aumento de la presencia humana en el mar, en embarcaciones precarias, sobrecargadas e inadecuadamente equipadas, incrementa de manera exponencial los riesgos asociados a la navegación. Ante esta situación, se hace indispensable recurrir a recursos tecnológicos cada vez más sofisticados, capaces de adaptarse versátilmente a la variabilidad del entorno marítimo y a la magnitud del fenómeno migratorio, que se perfilan como verdaderos aliados para la protección de la vida humana en el mar.

3.1. TECNOLOGÍAS PARA LA VIGILANCIA FRONTERIZA Y LA DETECCIÓN DE EMBARCACIONES EN PELIGRO

La vigilancia de las fronteras marítimas de la UE ha constituido, en las últimas décadas, un asunto de especial interés, cuyo abordaje ha

 María de los Ángeles Bellido Lora

supuesto una gran dificultad tanto para las instituciones europeas como para los Estados miembros. Este desafío se ha manifestado con particular intensidad en los Estados, que se han enfrentado de manera más directa a las consecuencias derivadas de los flujos migratorios irregulares hacia sus costas.

La concepción de la inmigración irregular como una amenaza a la seguridad nacional y la integridad territorial de los Estados europeos, especialmente alentada por la actuación de redes delictivas dedicadas al tráfico ilícito de personas que se aprovechan de la desesperación de estos migrantes, ha impulsado a muchos de ellos a reforzar sus inversiones y orientar sus políticas hacia el fortalecimiento de los sistemas de vigilancia y control de las fronteras marítimas. Con ello, buscan tanto controlar quién entra en su territorio como, en última instancia, desalentar la llegada de nuevas embarcaciones. Mientras las redes criminales que operan tras estos flujos migratorios actualizan día a día sus tácticas para evitar ser descubiertas, utilizando nuevas rutas menos vigiladas y más peligrosas, esta vigilancia fronteriza busca detectar lo antes posible embarcaciones sospechosas de transportar migrantes irregulares.

Aunque la detección temprana que se deriva de esta vigilancia responde, en primera instancia, a objetivos de control fronterizo, su contribución en términos humanitarios resulta innegable, ya que favorece la identificación de embarcaciones en peligro, que a menudo son pequeñas, precarias y difíciles de localizar en mar abierto, permitiendo a los Estados activar con mayor rapidez la operación de rescate, aumentando las probabilidades de salvar vidas en situaciones críticas.

En el caso español, la incorporación de tecnologías a la vigilancia marítima ha tenido un papel determinante. Entre la diversidad de tecnologías aplicadas a este ámbito destaca el Sistema Integrado de Vigilancia Exterior (SIVE), puesto en funcionamiento en 2002 y gestionado por la Guardia Civil. Este sistema dispone de un mecanismo que combina radares, sensores y otros equipos técnicos con el fin de detectar embarcaciones o movimientos sospechosos vinculados al tráfico de drogas, armas o personas, así como cualquier incidencia en las costas españolas (García Andrade, 2010: 311). Su capacidad para monitorizar amplias áreas marítimas lo ha convertido en una herramienta clave tanto para el control de la inmigración irregular como, indirectamente, para la protección de la vida humana en el mar.

El SIVE integra tecnologías avanzadas, entre ellas sensores térmicos que permiten operar en condiciones nocturnas o de baja visibilidad.

Se debe resaltar que las condiciones meteorológicas, además de ser un factor que incrementa notablemente el riesgo de los migrantes en el mar, son también utilizadas por las redes criminales para organizar y ocultar los cruces ilegales, y así eludir la detección.

Un ejemplo ilustrativo se da en las ciudades autónomas de Ceuta y Melilla, donde, dada su proximidad geográfica con Marruecos, se producen intentos de acceso a nado a través de puntos fronterizos marítimos, como la playa del Tarajal en Ceuta, protagonizados, en ocasiones, por grupos numerosos que incluyen menores. El caso de los nadadores es un tema de gran preocupación en ambas ciudades, puesto que, por las condiciones en las que se producen dichos cruces, generalmente en condiciones extremas de visibilidad y seguridad para intentar no ser detectados, obligan a una intervención inmediata de los servicios de rescate para evitar trágicos desenlaces (El País, 2025).

En este contexto, tanto el SIVE como el uso creciente de drones que puedan sobrevolar zonas específicas y tramitar imágenes de alta precisión son esenciales para reforzar una detección visual más detallada y rápida de la embarcación en peligro y proporcionar así información en tiempo real a los servicios de rescate. Estas tecnologías ayudan a no depender únicamente de los avisos emitidos por los propios migrantes, familiares o entidades no gubernamentales, favoreciendo la activación anticipada de los recursos y una respuesta más eficaz y coordinada.

3.2. TECNOLOGÍAS PARA LA COORDINACIÓN Y LA EJECUCIÓN DEL RESCATE

Una vez localizada una embarcación en peligro en el mar, la operación de salvamento prosigue con su interceptación, la ejecución del rescate y, finalmente, concluye con el desembarco en puerto seguro.

Dada la pluralidad de actores que pueden participar en estas operaciones, la coordinación entre los mismos se convierte en un requisito esencial durante todo el proceso. En consecuencia, los instrumentos jurídicos internacionales que regulan estas actuaciones han hecho especial hincapié en la necesidad de fomentar una comunicación fluida y sin interrupciones entre los diferentes equipos en el mar y los centros de coordinación en tierra.

En el caso de España, como se ha señalado anteriormente, la organización de las operaciones de rescate recae sobre los CCS, distribuidos a

     María de los Ángeles Bellido Lora

lo largo de las costas españolas. Estos centros desempeñan una función crucial en el control del tráfico marítimo y, a su vez, sirven de nexo operativo, conectando las embarcaciones de Salvamento Marítimo, conocidas como *salvamares*, con otras autoridades competentes para prestar apoyo en un rescate, así como con buques mercantes y otras embarcaciones que naveguen en las proximidades del lugar donde se ha producido la emergencia. Además, estos centros son responsables de coordinarse con los servicios de rescate de los Estados ribereños vecinos, en este caso con las autoridades marroquíes competentes, lo cual resulta indispensable para coordinar las respuestas de ambos Estados en áreas de responsabilidad compartida, como las que se localizan en el área del Estrecho de Gibraltar y en la fachada atlántica frente a las Islas Canarias. En este contexto, las disposiciones del Convenio SAR exigen precisamente esa cooperación para la designación de unidades, la organización de recursos disponibles y la facilitación de las comunicaciones necesarias (SAR, 1979: cap.2, Regla 2.1.9).

Para hacer posible estos intercambios de información, el Convenio SOLAS regula, en su Capítulo IV, los procedimientos, equipos y protocolos de comunicación destinados a asegurar esta coordinación, integrados en el denominado Sistema Mundial de Socorro y Seguridad Marítima (SMSSM). En virtud de estas disposiciones, todos los buques deben estar equipados con sistemas de radiocomunicación capaces de mejorar las posibilidades de salvamento tras un accidente, al permitir la transmisión rápida y eficaz de señales de emergencia tanto a otros buques como a los CCS (SOLAS, 1974: Regla 6)

A este tradicional sistema de radiocomunicaciones, que de forma habitual puede presentar limitaciones en su alcance, se han sumado en los últimos años importantes avances tecnológicos, entre ellos el uso de sistemas de comunicación satelital. A través de estas innovaciones, que permiten la transmisión de imagen y video en tiempo real, se mejora la capacidad de gestión de emergencias, así como la interconexión de los dispositivos electrónicos empleados por las distintas *salvamares* desplegadas en el mar (Salvamento Marítimo, s.f.a.).

En España, estas innovaciones se han promovido en el marco del proyecto Programa Integral de Innovación de Salvamento Marítimo (iSAR), cuyo objetivo es optimizar el desempeño y la eficiencia de los servicios de salvamento mediante la incorporación de tecnologías de vanguardia que faciliten una gestión integrada de la información generada durante las distintas fases de una operación de rescate (Salvamento Marítimo, s.f.b.).

3.3. HERRAMIENTAS EMERGENTES Y SU POTENCIAL EN LA GESTIÓN MIGRATORIA: LA INTELIGENCIA ARTIFICIAL COMO HERRAMIENTA PARA LOS RESCATES

En el actual contexto migratorio, la necesidad de adecuar los mecanismos de búsqueda y salvamento marítimo existentes a los desafíos actuales impulsa a recurrir a tecnologías emergentes que contribuyan a optimizar la gestión de emergencias y, a la vez, a garantizar la protección de la vida humana en el mar. Entre dichas innovaciones, la Inteligencia Artificial (IA) se ha consolidado como uno de los avances tecnológicos más significativos del siglo XXI, con aplicaciones ya contrastadas en multitud de sectores, como la informática, el mundo artístico o la educación. A pesar de las preocupaciones razonables por delimitar su regulación, su potencial para contribuir a fines humanitarios plantea la conveniencia de explorar sus posibles usos en otros ámbitos, como el sanitario, la investigación científica o incluso el salvamento marítimo, siempre dentro de los límites y garantías que impone el marco jurídico aplicable.

Tras el análisis realizado sobre las herramientas aplicadas en la actualidad durante una operación de búsqueda y rescate en el mar, es posible identificar dos vertientes principales en las que la IA podría desempeñar un papel relevante y de utilidad: el análisis predictivo y la asistencia en la toma de decisiones.

En primer lugar, la función predictiva de la IA, basada en técnicas de aprendizaje por experiencia, conocidas como *machine learning (ML)*, permite procesar a una gran velocidad volúmenes masivos de datos e identificar patrones que facilitan la anticipación de riesgos (García Majado, 2024).

Aplicada a la gestión de los flujos migratorios marítimos, esta capacidad podría, a través del análisis de datos históricos, contribuir a prever las rutas más utilizadas, localizar zonas con mayor probabilidad de emergencias y, en consecuencia, posibilitar una respuesta proactiva por parte de las autoridades competentes.

Por otro lado, esta función predictiva se podría complementar con el uso de la IA como herramienta de apoyo en la toma de decisiones. En diversos sectores, como los entornos empresariales y financieros, la

     María de los Ángeles Bellido Lora

IA ha sido incorporada como una aliada para la toma de decisiones estratégicas, en busca de ventajas competitivas (Ortega Giménez et al., 2020).

En el ámbito del salvamento marítimo, los algoritmos de aprendizaje automático, capaces de integrar múltiples variables, como podrían ser el estado y la posición de la embarcación, las condiciones meteorológicas o los recursos disponibles, entre otras, permitirían generar recomendaciones específicas en tiempo real.

En este sentido, esta función podría contribuir a diseñar estrategias de intervención más precisas y a reducir márgenes de error humano. No obstante, para garantizar que las decisiones aportadas por la IA se ajusten a las disposiciones jurídicas que regulan el salvamento marítimo, resulta imprescindible integrar en dichos sistemas parámetros normativos derivados de instrumentos como el Convenio SAR o el Convenio SOLAS, a fin de asegurar una respuesta sin sesgo y ajustada a la normativa internacional.

En la práctica, la IA ya ha comenzado a introducirse en los servicios de rescate españoles, reconociendo su valor y potencial en la mejora de la gestión de emergencias en el mar. En particular, el proyecto Smart Maritime AI (SMarAI), en el que participa Salvamento Marítimo, constituye un ejemplo paradigmático. A través de una plataforma de análisis avanzado de datos, el uso de estas herramientas emergentes busca mejorar la prevención, planificación y respuesta en situaciones de emergencia marítima. Entre los objetivos de este proyecto destaca la elaboración de mapas predictivos de riesgos que faciliten la toma de decisiones y optimicen la asignación óptima de recursos en cada situación de peligro específica (Salvamento Marítimo, s.f.c.).

En definitiva, las nuevas tecnologías ofrecen un considerable potencial para fortalecer la eficacia operativa de los servicios de rescate y, con ello, contribuir al cumplimiento del deber de proteger la vida en el mar. Sin embargo, su carácter emergente exige que su implementación vaya acompañada no solo de un escrutinio jurídico riguroso, orientado a garantizar su plena compatibilidad con las obligaciones internacionales en materia de salvamento marítimo, sino también de una supervisión y dirección humana que asegure decisiones responsables y respetuosas de los derechos humanos de las personas en el mar.

4. EL IMPACTO JURÍDICO Y ÉTICO DE LAS TECNOLOGÍAS EMERGENTES EN LA GESTIÓN MIGRATORIA Y SUS VACÍOS NORMATIVOS

En el seno de la UE, el propio discurso sobre cómo gestionar los flujos migratorios en las fronteras marítimas exteriores se ha visto marcado por una tensión constante entre dos perspectivas divergentes. Por un lado, se alzan las posiciones que priorizan el fortalecimiento de las fronteras marítimas mediante mayores inversiones en control y vigilancia, frente a otras que subrayan la necesidad de situar en el centro la protección de la vida humana en el mar, defendiendo una aproximación más humanitaria de esta gestión.

Esta dualidad ha influido de manera decisiva en el modo en que los Estados y la propia UE conciben y emplean la tecnología en este ámbito, configurando un verdadero dilema entre utilizarla como herramienta de control migratorio o como instrumento para garantizar rescates efectivos.

Esta misma tensión se refleja en la interpretación de los datos recopilados por diversas organizaciones internacionales. Instituciones como la OIM o el Alto Comisionado de las Naciones Unidas para los Refugiados (ACNUR) desempeñan un papel esencial en la recolección y sistematización de información destinada a visibilizar la magnitud de la crisis migratoria, particularmente en lo relativo a muertes y desapariciones en el mar, así como a otras vulneraciones de derechos fundamentales sufridas por estas personas durante el trayecto migratorio. Asimismo, estos balances permiten valorar también en qué medida los compromisos europeos en materia de asilo, refugio o protección internacional se cumplen efectivamente en la práctica.

No obstante, estos mismos datos han sido utilizados, en ocasiones, por determinados actores políticos e institucionales con un sesgo securitario, presentando estos flujos masivos y, en definitiva, a las personas migrantes, como una amenaza para la integridad territorial de los Estados, con el fin de justificar políticas más restrictivas y de mayor control fronterizo.

Con todo, parece ser que la voluntad política condiciona directamente la forma en la que se interpretan y utilizan estos datos. De esta manera, allí donde prima la lógica del control fronterizo sobre salvar vidas en el mar, la inversión tecnológica se orienta hacia la prevención de llegadas, más que al fortalecimiento de las capacidades de rescate. Frente a esta dualidad, resulta necesario defender el potencial de la

    María de los Ángeles Bellido Lora

tecnología como fuerza positiva, capaz de reducir el riesgo de muertes en el mar si se emplea bajo un enfoque centrado en la protección de los derechos humanos.

Precisamente, los avances tecnológicos analizados en este trabajo apuntan en esa dirección, ya que su aplicación permite mejorar la detección temprana de embarcaciones en peligro, uno de los principales desafíos operativos para garantizar rescates exitosos. En este sentido, la doctrina coincide en que debe superarse la concepción tradicional de los servicios de salvamento como meramente reactivos, limitados a intervenir una vez que se ha producido el daño. Por el contrario, el verdadero objetivo ha de ser la prevención del riesgo, anticipando la emergencia y actuando antes de que se materialice en tragedia (Campas Velasco, 2020: 167).

Asimismo, estas innovaciones tecnológicas contribuyen a optimizar la comunicación y coordinación entre los diversos actores implicados en las operaciones de rescate, al permitir una rápida transmisión de información entre las autoridades competentes, otras embarcaciones e incluso los servicios de rescate de Estados vecinos. De igual manera, con la digitalización de estos procesos se ha demostrado la capacidad que tienen estas herramientas para acortar los tiempos de respuesta y aumentar la eficacia operativa.

No obstante, con el uso de estas innovaciones tecnologías aparecen nuevos desafíos. Dada la novedad que envuelve a estas herramientas, se advierte que aún faltan marcos regulatorios claros sobre el acceso, uso y supervisión de estas tecnologías en diversos ámbitos, lo que genera vacíos normativos que dificultan garantizar su uso conforme a las obligaciones internacionales en materia de salvamento marítimo.

A estas carencias se une la habitual ausencia de protocolos de actuación claros entre Estados vecinos cuando se trata de gestionar grandes flujos migratorios. En tales escenarios, la voluntad política de los Estados resulta determinante pues de ella depende si se prioriza la salvaguarda de la vida humana en el mar o, por el contrario, el control de fronteras, condicionando la decisión de desplegar los propios servicios de rescate o de delegar la responsabilidad en terceros Estados. En este sentido, la creciente externalización de responsabilidades en materia de desembarco y protección internacional pone en riesgo la efectividad de dichas obligaciones y supone, además, la pérdida de una oportunidad para aprovechar estas herramientas en favor de una cooperación más eficaz.

A ello se suma la problemática específica del uso de herramientas emergentes como la IA. Aunque su capacidad de procesar grandes volúmenes de datos y ofrecer recomendaciones en tiempo real puede resultar valiosa para la toma de decisiones en situaciones de emergencia en el mar, delegar de manera absoluta en sistemas automatizados entraña riesgos éticos y jurídicos relevantes. La eventual toma de decisiones sin supervisión humana en escenarios que afectan directamente a la vida o integridad de las personas plantea serios interrogantes, por ejemplo, sobre cómo se debe imputar la responsabilidad si se produce un rescate fallido y, en consecuencia, se produce la muerte o desaparición de personas en el mar. Ante estos posibles daños colaterales, este debate subraya la necesidad de garantizar que su uso siempre se acompañe de un control humano significativo (Espinosa & Clemente, 2023).

En definitiva, el debate sobre el papel que juegan las tecnologías en la gestión migratoria no se entiende sin considerar la orientación política que determine su uso, ni el marco jurídico en el que se desarrolla. En este sentido, de su adecuado uso dependerá de que dichas herramientas se consoliden como instrumentos al servicio del respeto y garantía de los derechos humanos de las personas migrantes o, por el contrario, se conviertan en mecanismos de control que releguen salvar vidas a un plano secundario.

5. IDEAS FINALES

La incesante llegada de embarcaciones irregulares a las costas española durante los últimos años ha puesto de relieve desafíos significativos a los que se enfrentan los servicios de rescate en España, tanto en lo relativo a los recursos disponibles como a la coordinación entre los distintos actores implicados. Sin embargo, al mismo tiempo, esta realidad ha evidenciado la valiosa labor que desempeñan dichos servicios en la protección de la vida de las personas más vulnerables en el mar.

En este contexto, la incorporación de nuevas tecnologías ofrece un potencial notable para reforzar la eficacia de las operaciones de búsqueda y rescate, contribuyendo a una detección más temprana de situaciones de riesgo, a una comunicación más fluida entre organismos y a una respuesta más rápida y eficiente. De esta manera, la tecnología se perfila en este estudio como un instrumento capaz de optimizar la operatividad de los rescates en todas sus fases.

   María de los Ángeles Bellido Lora

No obstante, sus posibilidades técnicas y beneficios no pueden ocultar las limitaciones éticas y jurídicas que plantea su uso. En última instancia, es la voluntad política de los Estados la que determina si estas herramientas se orientan prioritariamente a la salvaguarda de la vida en el mar o, por el contrario, se subordinan al fortalecimiento del control fronterizo.

Dado el potencial positivo que se vislumbra en el uso de estas herramientas emergentes, se hace urgente consolidar un marco normativo que regule de manera clara y precisa su aplicación, garantizando que su empleo resulte compatible con las obligaciones internacionales en materia de salvamento marítimo y con la primacía de la protección de la vida humana.

En definitiva, el desarrollo tecnológico que caracteriza al siglo XXI abre la puerta a un abanico de posibilidades para mejorar la actuación de los servicios de rescate en el mar. Ahora, el reto consiste en asegurar que dichas innovaciones se apliquen de forma efectiva, con responsabilidad y supervisión humana, y que, en todo caso, la salvaguarda de la vida humana en el mar siga siendo la prioridad absoluta.

BIBLIOGRAFÍA

Bellido Lora, M.A. (2024) "Notas sobre Derechos Humanos en la práctica reciente de Salvamento Marítimo entre España y Marruecos". En S. Morgades (coord.), Violències a la Mediterrània. Migracions, seguretat, drets humans, tecnificació i digitalització del control, pp. 137-148.

Caminando Fronteras (2025) *Monitoreo del derecho a la vida: primeros cinco meses de 2025.* Disponible en: *https://caminandofronteras.org/monitoreo/monitoreo-del-derecho-a-la-vida-primeros-5-meses-2025/* 28-09-2025

Campàs Velasco, A. (2020) Adrift in international law: towards a place of safety for sea migrants. PhD Thesis, University of Southhampton, Faculty of Social Sciences, Law School, p. 155.

Cataldi, G. (2021) "Euro-Mediterranean experiences on management of migration governance", *Peace and Security – Paix et*

Sécurité Internationales (Euro-Mediterranean Journal of International Law and International Relations), 9, pp. 1-7.

Consejo de la Unión Europea (2010) Decisión del Consejo de 26 de abril de 2010 por la que se completa el Código de fronteras Schengen por lo que se refiere a la vigilancia de las fronteras marítimas exteriores en el marco de la cooperación operativa coordinada por la Agencia Europea para la Gestión de la Cooperación Operativa en las Fronteras Exteriores de los Estados miembros de la Unión Europea (2010/252/UE), Parte II, Anexo 1.3.

Espinosa, P., & Clemente, M. (2023) "La percepción de la toma de decisiones a través de inteligencia artificial cuando se produce daño a las personas", *Estudios Penales y Criminológicos*, 44(Ext.), pp. 1-13.

Garcia Andrade, P. (2010) "Extraterritorial Strategies to Tackle Irregular Immigration by Sea: A Spanish Perspective". En B. Ryan & V. Mitsilegas (eds.), Extraterritorial Immigration Control, pp. 311-346.

González García, I. (2019) "Immigration in Spain: Migratory Routes, Cooperation with third countries and Human Rights in return procedures", *Peace and Security – Paix et Sécurité Internationales (Euro-Mediterranean Journal of International Law and International Relations)*, 7, pp. 203-206.

García Majado, P. (2024) "Inteligencia Artificial, Predicciones y Funciones Normativas", *Teoría y Realidad Constitucional*, n.º 54, pp. 421-447.

Human Rights at Sea (2022) *Geneva Declaration on Human Rights at Sea.* Disponible en: *https://www.humanrightsatsea.org/ GDHRAS 28-09-2025*

Klepp, S. (2011) "A Double Bind: Malta and the Rescue of Unwanted Migrants at Sea, a Legal Anthropological Perspective on the Humanitarian Law of the Sea", *International Journal of Refugee Law*, 23(3), pp. 553-554.

Koka, E., & Veshi, D. (2019) "Irregular Migration by Sea: Interception and Rescue Interventions in Light of International Law and the EU Sea Borders Regulation", *European Journal of Migration and Law*, 21, pp. 26.

Kosmas, V., Acciaro, M., & Besiou, M. (2022) "'Saving migrants' lives at sea: Improving search and rescue operations", *POMS*, p. 1885.

Organización Internacional para las Migraciones (2025) *Proyecto Migrantes Desaparecidos.* Disponible en: *https://missingmigrants.iom.int/ 28-09-2025*

Ortega Giménez, A., Gonzalo Domenech, J. J. y Bonmatí Sánchez, J. (2021). "La aplicación de la inteligencia artificial y el derecho: La gestión de riesgos como fundamento de la diligencia debida frente a los riesgos de la inteligencia artificial". *Revista CEFLegal,* 241, pp. 5-36.

Papastavridis, E. (2013) The Interception of Vessels on the High Seas: Contemporary Challenges to the Legal Order of the Oceans. Hart Publishing, p. 294.

Salvamento Marítimo (s.f.a.) *Nuevo sistema de comunicaciones satelitales de gran capacidad.* Disponible en: *http://www.salvamentomaritimo.es/sala-de-comunicacion/sala-de-prensa/salvamento-maritimo-incorpora-un-nuevo-sistema-de-comunicaciones-satelitales-de-gran-capacidad-que-mejorara-la-gestion-de-las-emergencias 28-09-2025*

Salvamento Marítimo (s.f.b.) *Sistema Integral de Innovación en Salvamento Marítimo (iSAR).* Disponible en: *https://isar.sasemar.es/ 28-09-2025*

Salvamento Marítimo (s.f.c.) *Innovación en Salvamento Marítimo.* Disponible en: *https://www.salvamentomaritimo.es/conocenos/nuestra-empresa/innovacion 28-09-2025*

CAPÍTULO SÉPTIMO.

¿JUSTICIA DIGITAL PARA TODOS? BRECHA TECNOLÓGICA Y ACCESO DESIGUAL DE LOS PUEBLOS INDÍGENAS AL SISTEMA JUDICIAL EN CÓRDOBA, ARGENTINA

¿JUSTICIA DIGITAL PARA TODOS? BRECHA TECNOLÓGICA Y ACCESO DESIGUAL DE LOS PUEBLOS INDÍGENAS AL SISTEMA JUDICIAL EN CÓRDOBA, ARGENTINA[36]

Rocío María Azar[37]
Doctoranda Universidad de Murcia

Sumario: 1. Introducción. 2. La implementación de las nuevas tecnologías en el Poder Judicial de la Provincia de Córdoba, Argentina. Beneficios y nuevos retos. 3. Los pueblos indígenas como grupo social en condición de vulnerabilidad. Las nuevas tecnologías ¿una barrera en el acceso a la justicia? 4. Conclusiones. Bibliografía.

1. INTRODUCCIÓN

El avance de las nuevas tecnologías en el Poder Judicial de la Provincia de Córdoba, Argentina, y la correlativa implementación del expediente electrónico a los procesos judiciales -notificaciones electrónicas, audiencias virtuales, etc.- nos enfrenta a nuevos dilemas relacionados con el real acceso a la justicia de los sectores en condición de vulnerabilidad, entre los que se encuentran las comunidades originarias.

En los últimos años se ha visto una creciente judicialización de los conflictos ambientales, en los que en muchos casos se encuentran involucrados pueblos originarios[38], es por ello que considero de vital

---

36   Proyecto de investigación financiado por la Universidad de Murcia.

37   Abogada, Magister en Derecho Administrativo (Universidad Nacional de Córdoba, Argentina). Investigadora predoctoral, programa de Doctorado en «Bioderecho: Bioética, Salud y Derechos Humanos» (Universidad de Murcia, España). Actualmente me desempeño como escribiente en la Secretaría Contencioso Administrativa del Tribunal Superior de Justicia de la Provincia de Córdoba, Argentina. Miembro del Instituto de Derecho Ambiental y de los Recursos Naturales de la Academia Nacional de Derecho de Córdoba. Adscripta de las cátedras de Derecho Administrativo y Derecho Procesal Administrativo (Universidad Nacional de Córdoba).

38   «Islyma y otro c/ Superior Gobierno de la Provincia de Córdoba y otro – Amparo Ley

importancia analizar las consecuencias que genera la implementación y uso de las nuevas tecnologías de la información y las comunicaciones (TIC) en los procesos judiciales en los casos en lo que intervienen estos grupos sociales en condición de vulnerabilidad.

La cosmovisión con la que interpretan el mundo los pueblos indígenas está muy alejada de la ideología occidental y capitalista en la que nosotros estamos inmersos. Claro está, que, en los procesos judiciales, están representados por abogados que, si tienen acceso a estos medios digitales, pero ¿Tienen estas comunidades la posibilidad de participar activamente en un proceso totalmente digital? ¿Las nuevas tecnologías pueden erigirse como una nueva barrera en el real acceso a la justicia de estos sectores?

2. LA IMPLEMENTACIÓN DE LAS NUEVAS TECNOLOGÍAS EN EL PODER JUDICIAL DE LA PROVINCIA DE CÓRDOBA, ARGENTINA. BENEFICIOS Y NUEVOS RETOS

El Tribunal Superior de Justicia de la Provincia de Córdoba, mediante el dictado del Acuerdo Reglamentario N° 1582, Serie «A» del 21/08/2019[39], aprobó el plan tendiente a la tramitación integralmente electrónica de los expedientes judiciales, ello en el marco de la observancia de los objetivos instaurados por las normas relacionadas con la simplificación y modernización del Estado[40]. En el Acuerdo se ordenó que su ejecución se efectúe de manera gradual para toda la

---

4915», el que tramita en la Cámara Contencioso Administrativa de la ciudad de Córdoba, Argentina. Tuve la oportunidad de analizar un auto interlocutorio dictado en esta causa, en el cual se debatía la legitimación activa de la Comunidad Indígena para intervenir como tercero interesado en la acción de amparo ambiental. Consultar: Azar, Rocío María (2025), «La tutela judicial efectiva de los pueblos originarios en los procesos ambientales», La Ley Next Online, Buenos Aires. Cita: TR LALEY AR/DOC/796/2025. También podemos mencionar el caso «Guitian, Román E. c/ Poder Ejecutivo Nacional y otro s/ Acción de Amparo Ambiental» que tramita en la Corte de Justicia de la Provincia de Catamarca, esta causa fue iniciada por el cacique de una comunidad indígena, por derecho propio y en representación de la comunidad. Se puede consultar la resolución dictada por la Corte, referida a una medida cautelar. Disponible en: https://www.saij.gob. ar/FA24300001 20-09-2025.

39   Conformado por el anexo único «Reglamento General para el Expediente Judicial Electrónico». Ampliado mediante Acuerdo N° 1657, Serie «A» del 18/09/2020.

40   Ley N° 10618 de Simplificación y Modernización de la Administración (B.O. 27/03/2019). Esta ley establece las bases para la simplificación, racionalización y modernización administrativa, con la finalidad de propender a la economía, celeridad, eficacia y espíritu de la Administración, garantizando una pronta y efectiva respuesta a los requerimientos de la ciudadanía y una eficiente gestión de los recursos públicos (art. 1).

provincia por un plazo inicial no mayor a doce (12) meses y en forma paralela para la Capital y las demás sedes del interior provincial.

Entre las principales modificaciones en el proceso judicial, a partir de la implementación del expediente electrónico, podemos destacar: las presentaciones de los abogados y auxiliares se realizan en forma digital con firma electrónica; la documentación debe ser presentada en forma digitalizada, con la obligación de conservar los originales para compulsa; la fecha y hora que registra el sistema sirve como constancia de presentación y sustituye el cargo manual; las notificaciones se realizan de manera electrónica[41], esto alcanza a todos los fueros, sedes e instancias; las copias para traslados quedan suplidas por la referencia a los documentos digitales; los oficios y exhortos también podrán tramitarse electrónicamente, si la repartición tiene a disposición esta modalidad; las audiencias pueden registrarse en archivos multimedia firmados digitalmente; el expediente electrónico puede ser usado como prueba en otro proceso mediante acceso compartido, sin necesidad de remisión, entre otras.

Las reformas introducidas evidencian la transformación que experimentó el proceso judicial en la provincia de Córdoba, lo que trajo aparejado -sin lugar a dudas- múltiples beneficios relacionados con la economía, celeridad, eficacia y eficiencia de los procesos, desterrando una gran cantidad de trámites burocráticos que caracterizaron por muchos años el actuar de la Administración pública. Entre las ventajas de la implementación de las TIC en el proceso judicial podemos mencionar, a modo de ejemplo: la accesibilidad al sistema para los abogados y auxiliares en cualquier momento del día, sin necesidad de acudir presencialmente a los tribunales en los horarios de atención al público; la progresiva despapelización, y con ello el ahorro en insumos, espacio físico y gestión de archivos; la transparencia y trazabilidad del sistema, el cual registra usuario, fecha y hora de cada actuación, lo que garantiza un mejor control y auditoría de movimientos del expediente, entre muchas otras.

Sin perjuicio de ello, no podemos desconocer los grandes desafíos que trae aparejada esta nueva forma de tramitar los procesos, como ser aquellos relacionados con los problemas de seguridad informática a la que están expuestos estos sistemas, lo que requiere fuertes políticas en materia de ciberseguridad[42]; la curva de aprendizaje y la

---

41   Excepto las que, por disposición legal, deban realizarse en el domicilio real (conf. art. 144 de la Ley 8465, Código Procesal Civil y Comercial de Córdoba).

42   En el año 2022 el sistema informático del Poder Judicial de Córdoba fue víctima de un

necesaria capacitación de todos los operadores jurídicos, tanto de quienes trabajan dentro de la organización del Poder Judicial, como ser los magistrados, funcionarios, empleados, peritos, como de los abogados litigantes; y la imperante *brecha digital* que hace referencia a desigualdad en el acceso, uso e impacto de las TIC en los diferentes grupos sociales[43].

3. LOS PUEBLOS INDÍGENAS COMO GRUPO SOCIAL EN CONDICIÓN DE VULNERABILIDAD. LAS NUEVAS TECNOLOGÍAS ¿UNA BARRERA EN EL ACCESO A LA JUSTICIA?

Advierte el jurista francés Alain Supiot (Supiot, 2007) que está amenazado de quedar restringido a sí mismo «quien permanece encerrado en su propia versión del mundo y es incapaz de comprender que hay otras versiones posibles, es decir que es incapaz de acordar con sus semejantes una representación del mundo donde cada cual tenga su lugar justo».

Por infortunio, ello se presenta como el signo del tiempo en curso, donde el avance desmedido de las tecnologías de la información y la comunicación, ha llegado a escalas tales que ha superado ampliamente las expectativas de sus inventores, desplazando con ello a gran parte de la sociedad que, una vez más, se encuentra excluida del sistema.

Bajo este prisma brota el concepto de vulnerabilidad como categoría analítica de aprehensión de quienes evidencian proclividad a esa fragilidad en función de determinados factores vinculados a su propia naturaleza -ya sea individual o colectiva- o bien a cuestiones de índole transitoria con potencialidad suficiente para colocarlos en situación de dañosidad (Díaz, 2024).

Para empaparnos del concepto de persona o grupos de personas en condición de vulnerabilidad considero esencial la noción dada en las «100 Reglas de Brasilia sobre el acceso a la justicia de las personas

---

ciberataque que afectó su página web, servicios digitales y bases de datos. Disponible en: https://www.cba24n.com.ar/sociedad/el-poder-judicial-de-cordoba-sufrio-un-ataque-informatico-grave_a62f90be0c13942ef1ba79d20 15-09-2025.

43   Disponible en: https://fundacionpad.org.ar/novedad19.html 15-09-2025.

en condición de vulnerabilidad»[44], donde se señala que se encuentran en esta condición aquellas personas que, por razón de su edad, género, estado físico o mental, o por circunstancias sociales, económicas, étnicas y/o culturales, encuentran especiales dificultades para ejercitar con plenitud ante el sistema de justicia los derechos reconocidos por el ordenamiento jurídico; pudiendo constituir causas de vulnerabilidad entre otras, la edad, la discapacidad, *la pertenencia a comunidades indígenas o a minorías*, la victimización, la migración y el desplazamiento interno, la pobreza, el género y la privación de libertad (el destacado me pertenece, ver reglas 3 y 4).

Asimismo las Reglas conceden un margen de apreciación al establecer que la concreta determinación de las personas en condición de vulnerabilidad en cada país dependerá de sus características específicas, o incluso de su nivel de desarrollo social y económico[45].

Las Reglas, entre sus premisas fundamentales expone que «El sistema judicial se debe configurar, y se está configurando, como un instrumento para la defensa efectiva de los derechos de las personas en condición de vulnerabilidad. Poca utilidad tiene que el Estado reconozca formalmente un derecho si su titular no puede acceder de forma efectiva al sistema de justicia para obtener la tutela de dicho derecho...»[46]. Sin lugar a dudas estas Reglas vinieron a dar respuesta a la postergada situación política y jurídica de estos sectores.

Se sostiene que la dificultad de garantizar la eficacia de los derechos afecta en mayor medida a los grupos considerados vulnerables, dado que ellos encuentran obstáculos mayores para su ejercicio. Por ello, se deberá llevar a cabo una actuación más intensa para vencer, eliminar o mitigar estas limitaciones. De esta manera, se postula que el propio sistema de justicia puede contribuir de forma importante a la reducción de las desigualdades sociales.

Las Reglas no se limitan a establecer unas bases de reflexión sobre los problemas del acceso a la justicia de las personas en condición de vulnerabilidad, sino que también recogen recomendaciones para los órganos públicos y para quienes prestan sus servicios en el sistema judicial. Esto incluye tanto la promoción de políticas públicas

---

44   Adoptadas por la XIV Cumbre Judicial Iberoamericana en marzo del año 2008.

45   Ver regla 4 *in fine*.

46   Surge de la exposición de motivos. https://www.mpd.gov.ar/index.php/marconormativo-diversidad-cultural/instrumentosinternacionales/3158-las-100-reglas-de-brasilia-sobre-el-acceso-a-la-justicia-de-las-personas-en-condicion-de-vulnerabilidad 18-09-2025.

que garanticen la tutela judicial efectiva de estos sectores, como así también una serie de pautas de actuación destinadas a todos los servidores y operadores del sistema judicial.

En este contexto se puede percibir como las nuevas tecnologías incorporadas a los procesos judiciales son capaces de perpetuar la exclusión estructural que parecen estos sectores en condición de vulnerabilidad, ya que en muchos casos -como es el caso de las comunidades indígenas- no tienen real acceso y conocimiento de las TIC, lo que puede traer aparejada su falta de acceso real al sistema judicial, con el consecuente despojo definitivo de los derechos que pretenden hacer valer.

La noción de *brecha digital*, en la que se encuentran insertas las comunidades indígenas, abarca no solamente el concepto relacionado con la *accesibilidad* esto es, la posibilidad de conectarse a una red de internet de manera efectiva, sino también las nociones de *asequibilidad y competencia*, entendidas estas como la real posibilidad de adquirir o disponer de dispositivos digitales y del servicio de banda ancha móvil o fija, como de poseer de las capacidades y conocimientos suficientes para poder apropiarse efectivamente del potencial de desempeño e interacción en el mundo digital[47]. No debemos ser ajenos a que la cosmovisión indígena y su forma de entender y relacionarse con el mundo es diametralmente opuesta a nuestra concepción occidental, centrada principalmente en el desarrollo económico de las sociedades (Espinosa de los Monteros, 2015).

Es un contrasentido pensar que, con la implementación de las nuevas tecnologías al proceso judicial, puede el propio sistema digital erigirse en una barrera de acceso a la justicia para estos grupos en condición de vulnerabilidad.

4. CONCLUSIONES

Cabe preguntarse de qué modo puede el servicio de justicia tender un puente -a tenor de su rol de pacificador social- entre aquellos sectores históricamente relegados y una sociedad que aún no logra armonizar el ideario de desarrollo con la atención de la vulnerabilidad, como resorte adecuado para evitar el despojo de sus derechos y la consiguiente perpetuación de las desigualdades imperantes.

---

47 *Idem* cita 43.

La *brecha digital* afecta a todos los sectores en condición de vulnerabilidad, por lo que nos urge repensar el modelo judicial digital actual, a los fines de no cercenar, una vez más, el real acceso a la justicia de estos grupos sociales. Considero que, desde el Poder Judicial, siguiendo los lineamientos fijados por las «100 Reglas de Brasilia» se podrían ejecutar diversas medidas de acción positiva, como ser: la elaboración de protocolos técnicos y normativos que contemplen las particularidades de los pueblos originarios en el uso de las plataformas digitales, permitiéndoles otras formas de actuación en el proceso, acorde a sus posibilidades y conocimientos; la capacitación de los operadores/as judiciales en derechos digitales y brecha tecnológica, a los fines de poder conceder un enfoque intercultural, contextualizado y de real tutela de los derechos de los pueblos indígenas a los casos que llegan a los estrados de los Tribunales.

Como señaló Amina J. Mohammed[48], la *brecha digital* se convertirá en «la nueva cara de la desigualdad si la comunidad internacional no adopta medidas decisivas»[49].

Sin acceso digital efectivo, el expediente electrónico puede transformarse -en oposición a su finalidad primaria- en una herramienta que atenta contra la igualdad real de oportunidades y otra barrera -en este caso material- de acceso a la justicia de los grupos más desventajados socialmente.

BIBLIOGRAFÍA

Díaz, María Fernanda (2024) «Breves trazos sobre perspectiva de vulnerabilidad y humanización resiliente del proceso». En J. W. Peyrano (dir.) y S. L. Esperanza (coord.), La vulnerabilidad en los procesos judiciales, Santa Fe, Argentina, Rubinzal – Culzoni Editores, 1° edición, pp. 131.

Espinosa de los Monteros, Adolfo (2015) *La doctrina de la Corte Interamericana de Derechos Humanos sobre territorio de los pueblos indígenas,* Murcia, España, Ediciones Electolibris, pp. 1-12.

---

48 La Vicesecretaria General de las Naciones Unidas.

49 Naciones Unidas, «Don't let the digital divide become 'the new face of inequality': UN deputy chief», UN News, 27 de abril de 2021. Disponible en: https://news.un.org/en/story/2021/04/1090712 el 22-09-2025.

Supiot, Alain (2007) *Homo Juridicus: Ensayo sobre la función antropológica del derecho*, España, Siglo XXI Editores, pp. 9-32.

Sentencia del 13 de marzo del 2024 en los autos «Guitian, Román E. c/ Poder Ejecutivo Nacional y otro s/ Acción de Amparo Ambiental», Corte de Justicia de la Provincia de Catamarca. Disponible en: https://www.saij.gob.ar/FA24300001 20-09-2025.

Sistema informático del Poder Judicial de Córdoba fue víctima de un ciberataque (2022). Disponible en: https://www.cba24n.com.ar/sociedad/el-poder-judicial-de-cordoba-sufrio-un-ataque-informatico-grave_a62f90be0c13942ef1ba79d20 15-09-2025.

Brecha digital en Argentina. Disponible en: https://fundacionpad.org.ar/novedad19.html, 15-09-2025.

100 Reglas de Brasilia sobre acceso a la justicia de las personas en condición de vulnerabilidad. Exposición de motivos. Disponible en: https://www.mpd.gov.ar/index.php/marconormativo-diversidad-cultural/instrumentosinternacionales/3158-las-100-reglas-de-brasilia-sobre-el-acceso-a-la-justicia-de-las-personas-en-condicion-de-vulnerabilidad 18-09-2025.

Naciones Unidas, *«Don't let the digital divide become 'the new face of inequality': UN deputy chief»*, *UN News*, 27 de abril de 2021. Disponible en: https://news.un.org/en/story/2021/04/1090712 22-09-2025.

CAPÍTULO OCTAVO.

EL IMPACTO DE LA STS 544/2024 EN LA ACCIÓN PROTECTORA DE LA SEGURIDAD SOCIAL: RIESGOS DE EXCLUSIÓN SOCIAL MEDIANTE TECNOLOGÍAS ASISTIVAS E INTELIGENCIA ARTIFICIAL

EL IMPACTO DE LA STS 544/2024 EN LA ACCIÓN PROTECTORA DE LA SEGURIDAD SOCIAL: RIESGOS DE EXCLUSIÓN SOCIAL MEDIANTE TECNOLOGÍAS ASISTIVAS E INTELIGENCIA ARTIFICIAL

Rafael Díaz Moya
Profesor ayudante doctor
Vicedecano de Estudiantes y Digitalización de la Universidad Nacional de Educación a Distancia UNED

Sumario: Introducción. 2. Marco normativo y doctrinal. 3. Análisis crítico de la STS 544/2024. 3.1. Argumentación jurídica del Tribunal Supremo. 4. Propuesta de reforma normativa y de interpretación conforme. 4.1. Revisión del artículo 198.2 LGSS en clave constitucional 5. Conclusiones. Bibliografía. Normativa. Jurisprudencia citada.

1. INTRODUCCIÓN

La STS 544/2024, dictada el 11 de abril de 2024 por la Sala de lo Social del Tribunal Supremo, es un cambio sustancial en la interpretación del artículo 198.2 de la Ley General de la Seguridad Social (LGSS). Esta sentencia declara la incompatibilidad absoluta entre la percepción de una pensión de IPA, IPT o de una gran invalidez (GI) y el ejercicio de cualquier actividad laboral, incluso si esta pudiera ser compatible con el estado de salud del beneficiario. Su justificación principal reside en el avance de las tecnologías informáticas, especialmente como la IA para sostener la viabilidad de un nuevo marco funcional inclusivo, basado en la capacidad tecnológica de readaptar los entornos laborales, que hace inviable cualquier prestación que pueda minorar aquella discapacidad, como fundamento.

Este planteamiento implica un cambio estructural en la lógica protectora del sistema de Seguridad Social, ya que desplaza la presunción de necesidad de protección hacia una presunción de capacidad rehabilitable mediante herramientas digitales. Frente a ello, la sentencia del TJUE C-631/22 (asunto «Ca Na Negreta») dictada el 18 de enero de 2024 por el Alto Tribunal, impone la obligación de valorar e implementar ajustes razonables antes de considerar la extinción del contrato de trabajo de una persona con discapacidad.

El presente artículo analiza esta divergencia doctrinal desde una perspectiva jurídico-tecnológica, centrada en los riesgos de exclusión social y regresión en los derechos de las personas con discapacidad. Partiendo de fuentes normativas y jurisprudenciales verificadas, así como de literatura científica sobre discriminación algorítmica y tecnología asistiva, se propone una relectura constitucional del artículo 198.2 LGSS y se valoran las implicaciones que esta sentencia puede tener en el modelo europeo de protección social.

2. MARCO NORMATIVO Y DOCTRINAL

La acción protectora de la Seguridad Social española en materia de incapacidad permanente se articula, principalmente, a través del artículo 198.2 de la Ley General de la Seguridad Social (LGSS), en relación con los artículos 49.1.e) del Estatuto de los Trabajadores y los principios constitucionales de los artículos 14, 35 y 49 de la Constitución Española (CE). Sin embargo, la interpretación reciente del Tribunal Supremo (STS 544/2024) ha introducido un giro de gran calado que pone en tensión este sistema con los estándares europeos e internacionales de protección de las personas con discapacidad.

El artículo 198.2 LGSS establece que:

> *"Las pensiones por incapacidad permanente absoluta o gran invalidez serán incompatibles con el desempeño de cualquier trabajo, por cuenta propia o ajena."*

Tradicionalmente, la jurisprudencia del Tribunal Supremo —desde la STS de 28 de abril de 1977 (RJ 1977/2542)— había permitido cierta flexibilidad interpretativa en casos en los que la actividad laboral no afectara al estado de salud del beneficiario o estuviera vinculada a procesos de rehabilitación y participación social. Este enfoque ha sido confirmado en múltiples resoluciones posteriores, en las que se priorizaba una "lectura racional y humana" del precepto.

Sin embargo, la STS 544/2024 rompe con esta línea y adopta una posición estricta: cualquier tipo de actividad laboral, aun mediada por tecnología, es incompatible con la percepción de pensión por IPA o GI. Lo llamativo de esta resolución es que introduce, como argumento central, el desarrollo de las nuevas tecnologías (en especial la inteligencia artificial) como elemento que haría innecesaria la prestación:

> *"...la solución al problema no debe ser la compatibilidad de las rentas del trabajo con la prestación pública que compense la incapacidad; sino, al contrario, la revisión del sistema de incapacidades..." (Fundamento Jurídico 8º, STS 544/2024).*

Esta interpretación da un paso más allá del texto legal y se aparta de la tendencia a favorecer la empleabilidad como parte de una acción protectora inclusiva.

La doctrina consolidada del TS hasta la resolución objeto de análisis venía sosteniendo que las actividades laborales compatibles con el estado físico y psíquico del beneficiario —y no derivadas de fraude— podían no ser incompatibles con la pensión. Así lo recogía la STS de 20 de diciembre de 1985 y reiteradamente lo reafirmaban los tribunales superiores de justicia (Roqueta, 2001:115).

En esa línea, también se toleraba que personas con IPT (incapacidad permanente total) desempeñaran labores en la misma empresa, bajo la condición de que fueran readaptadas, lo cual era considerado un elemento de promoción de la integración laboral. Esta línea quedó reforzada con el desarrollo de políticas de inclusión tras la ratificación por España de la Convención de las Naciones Unidas sobre los Derechos de las Personas con Discapacidad (CDPD) en 2006.

Con la STS 544/2024 se produce un cambio doctrinal abrupto, que no solo no reconoce la posibilidad de compatibilizar trabajo y pensión en casos extremos como la IPA, sino que fundamenta dicha exclusión en potenciales ofrecimientos tecnológicos aún no probados.

La Sentencia del TJUE de 18 de enero de 2024 en el asunto C-631/22 ("Ca Na Negreta") marca un contrapunto esencial. En ella se analiza si es conforme al derecho europeo extinguir el contrato de trabajo de un empleado declarado con incapacidad permanente total, sin previamente valorar la posibilidad de implementar ajustes razonables.

El TJUE concluye que la legislación española que permite la extinción automática del contrato vulnera el artículo 5 de la Directiva 2000/78/CE, en que tanto no exige al empleador intentar reubicar al trabajador o ajustar su entorno laboral. Esta interpretación se basa, además, en los artículos 21 y 26 de la Carta de los Derechos Fundamentales de la UE, así como en la CDPD (CDFUE, 2010)

> *"Antes de proceder al despido, deben valorarse medidas razonables de ajuste para mantener al trabajador en la empresa. No hacerlo constituye una discriminación directa por motivos de discapacidad." (TJUE C-631/22, §47)*

Este modelo contrasta radicalmente con la STS 544/2024, que ni siquiera considera los ajustes razonables como una obligación jurídica, y desplaza toda posibilidad de compatibilidad hacia la supresión del derecho.

3. ANÁLISIS CRÍTICO DE LA STS 544/2024

La STS 544/2024 no solo implica un cambio doctrinal en la interpretación del artículo 198.2 LGSS, sino que constituye un viraje en la forma en que se conciben los derechos sociales frente al avance tecnológico

3.1. ARGUMENTACIÓN JURÍDICA DEL TRIBUNAL SUPREMO

En el Fundamento Jurídico 8º, el Tribunal justifica el giro doctrinal alegando un "cambio de paradigma" motivado por el progreso técnico. Textualmente afirma:

> *"Si en las actuales circunstancias sociales, las nuevas tecnologías informáticas y el uso de la denominada inteligencia artificial pueden permitir a personas con serias dificultades somáticas la realización de trabajos, la solución [...] no debe ser la compatibilidad de rentas del trabajo con la prestación pública [...] sino la revisión del sistema de incapacidades."* (STS 544/2024, 11 de Abril de 2024, AJ nº 6)

Esta afirmación tiene varias consecuencias problemáticas:

- Transforma un precepto legal de incompatibilidad jurídica en un juicio médico-tecnológico abstracto.

- No se vincula a una evaluación empírica de casos individuales, sino que generaliza sobre la capacidad laboral basada en el "potencial tecnológico".

- Desplaza el eje desde la protección social hacia la autosuficiencia forzada, lo cual contradice principios como el de no regresión en derechos fundamentales.

El uso de la IA no se plantea en la sentencia como una herramienta de apoyo al derecho al trabajo, sino como un argumento legitimador para recortar derechos previamente reconocidos. Esto genera una presunción negativa: si la tecnología existe, entonces no hay razón para mantener una pensión.

Esta lógica se aplica sin evidencias:

- No se valoran casos específicos de adaptación exitosa.

- No se presentan peritajes técnicos ni datos empíricos.

- No se pondera si la IA es accesible, asequible o adecuada para todos los contextos.

Por tanto, el derecho a la prestación queda supeditado a un supuesto acceso universal a la tecnología, sin que exista obligación de garantizar ni evaluar su aplicabilidad efectiva.

Este nuevo enfoque puede derivar en una revisión masiva de expedientes de IPA y GI, con base en una interpretación expansiva del artículo 198.2 LGSS, en la línea que sugiere el propio criterio del INSS 11/2024 (SGOAJ, 2024).

Esto no solo vulnera el principio de individualización del derecho, sino que además incurre en lo que la doctrina denomina «discriminación algorítmica estructural», al aplicar criterios de empleabilidad automatizada como si fueran universales, sin control técnico ni revisión judicial eficaz.

La ausencia de garantías frente a este tipo de automatización hace que el modelo de protección social basado en la discapacidad reconocida esté en peligro de convertirse en un sistema punitivo y altamente tecnificado, sin sensibilidad jurídica ni humanitaria.

El uso de tecnologías emergentes en el ámbito laboral ha sido valorado, en muchas ocasiones, como una oportunidad para mejorar la inclusión de las personas con discapacidad. No obstante, su aplicación sin un marco jurídico adecuado puede derivar en nuevas formas de exclusión, particularmente si se utilizan como argumento para negar el acceso a derechos fundamentales, como el derecho a una pensión por incapacidad o el derecho al trabajo digno.

Los sistemas de inteligencia artificial (IA) y automatización utilizados en la gestión de recursos humanos, selección de personal, y más recientemente, en la revisión de pensiones, no están exentos de sesgos. Como señalan Goodman y Flaxman (2016), existe un riesgo inherente en los modelos algorítmicos: al estar entrenados sobre datos históricos, pueden replicar o incluso amplificar desigualdades estructurales.

Por ejemplo, destaca el aval de la Audiencia Nacional sobre el uso de inteligencia artificial en el convenio estatal de la industria audiovisual, rechazando su nulidad pese a su carácter genérico (Iberley, 2025: 1); o la que analiza el funcionamiento del algoritmo de asignación de Glovo y cómo ese algoritmo influye en la cualificación de la relación laboral (STS 2924/2020); o la de la AN donde se prueba la existencia de sistemas informatizados de aplicación de algoritmos para la asignación de turnos de trabajo (AN 4-7-25, EDJ 2025/630844), entre otras.

La influencia de la STS 544/2024 se ha extendido rápidamente a otras sentencias del mismo Tribunal como la STS 1231/2024, 12 de Noviembre de 2024 que falla la incompatibilidad de la pensión de IPA con el cargo de concejal en régimen de dedicación exclusiva parcial y retribuida. Pero también se despliega en las instancias judiciales inferiores, generando un efecto normativo y argumentativo que comienza a consolidar un nuevo patrón de decisión en torno a la incapacidad permanente que también está llegando a los Tribunales Superiores de Justicia de las Comunidades Autónomas:

Por ejemplo, la STSJ Cantabria 231/2025, 7 de Abril de 2025 incluye la doctrina jurisprudencial sobre la incompatibilidad del trabajo y la incapacidad permanente absoluta/gran invalidez:

"En relación a las reglas de compatibilidad de la pensión de incapacidad permanente y el desarrollo de un trabajo, la Sala de lo Social del Tribunal Supremo ha dictado la sentencia del Pleno 544/2024, de 11 abril (rec. 197/2023), rectifica la doctrina jurisprudencial anterior, y seguida por otras posteriores, en la que se interpreta el art. 198.2 de la LGSS en el sentido de que los trabajos compatibles con las pensiones de IPA y Gran Invalidez «son aquellos de carácter marginal y

*de poca importancia que no requieran darse de alta, ni co-
tizar por ellos a la Seguridad Social; es decir los residuales,
mínimos y limitados y, en manera alguna, los que constituyen
la propios que se venían realizando habitualmente ni cuales-
quiera otros que permitan la obtención regular de rentas y
que, como se ha precisado, den lugar a su inclusión en un
régimen de la Seguridad Social"*

Este razonamiento, profundamente alineado con el criterio del Supremo, incurre en varias problemáticas desde el punto de vista jurídico
y de derechos humanos:

Aplica una presunción de empleabilidad basada en el potencial de la
tecnología, sin concretar qué herramientas o puestos están disponibles ni accesibles para la persona afectada.

Traslada la carga probatoria al solicitante, quien debe demostrar por
qué las herramientas tecnológicas no bastan para que su desempeño
sea viable.

Niega la pensión no por insuficiencia médica, sino por hipótesis tecnológicas no contrastadas, lo cual podría ser contrario al principio
de seguridad jurídica (art. 9.3 CE).

Además, la sentencia no exige informe pericial tecnológico ni consulta
a expertos en accesibilidad o adaptación laboral, lo cual debilita la
fundamentación técnica de su decisión.

El principal riesgo de esta línea jurisprudencial es la falta de un criterio uniforme y garantista en la aplicación del artículo 198.2 LGSS.
Si bien algunas salas adoptan el modelo de la STS 544/2024, otras
continúan aplicando la doctrina previa, permitiendo compatibilidad
limitada entre ciertas actividades y la percepción de pensión.

Este panorama fragmentado genera una triple vulnerabilidad:

- Inseguridad jurídica, al no existir doctrina clara ni previsibilidad
  en los fallos.

- Discriminación indirecta, ya que personas con condiciones similares reciben tratamientos diferentes en función del territorio o del
  tribunal que conozca su caso.

- Riesgo de automatización acrítica, si se sistematiza la revisión de
  pensiones en función de criterios generales basados en la existencia abstracta de tecnologías, sin evaluación individualizada.

El análisis del impacto de la STS 544/2024 sobre los derechos de las personas con discapacidad no puede limitarse al marco interno. España ha ratificado compromisos internacionales vinculantes que obligan a interpretar la normativa nacional de acuerdo con el principio de integración, no discriminación y ajuste razonable.

El artículo 15 de la Carta Social Europea Revisada (CSE Rev.), ratificada por España en 2021, establece que los Estados deben garantizar a las personas con discapacidad el derecho a la independencia, la integración social y la participación en la vida de la comunidad, incluyendo el acceso efectivo al trabajo protegido.

Este precepto ha sido interpretado por el Comité Europeo de Derechos Sociales (CEDS) como una obligación de los Estados de:

- Eliminar barreras estructurales.

- No adoptar medidas regresivas sin justificación objetiva y razonable.

- Promover la adaptación del entorno laboral antes de reconocer la incapacidad para trabajar.

En este contexto, una interpretación del artículo 198.2 LGSS que excluye automáticamente la posibilidad de trabajo en presencia de una pensión podría vulnerar el artículo 15 CSE, especialmente si no se garantiza una valoración individualizada y ajustada a la persona.

La CDPD, en vigor en España desde 2008, exige:

- En su art. 27.1, el reconocimiento del derecho de las personas con discapacidad a trabajar en igualdad de condiciones.

- En su art. 2, que se adopten "ajustes razonables" como obligación jurídica.

La interpretación del Tribunal Supremo en la STS 544/2024 no contempla ninguna exigencia de valorar, promover ni garantizar ajustes razonables. De hecho, el fallo asume que la tecnología disponible en el mercado puede suplantar la protección social, sin examinar si esa tecnología:

- Es accesible económicamente,

- Está adaptada al entorno y la formación del afectado,

- Es suficiente para garantizar condiciones dignas de trabajo.

Esta omisión contraviene frontalmente la CDPD, que exige una respuesta activa del Estado y del sistema de protección social para garantizar una inclusión real.

La Directiva 2000/78/CE prohíbe la discriminación por razón de discapacidad en el empleo y obliga a los empleadores a realizar "ajustes razonables". El TJUE ha reafirmado esta interpretación en diversas sentencias, especialmente en C-335/11 y C-337/11 Ring y Skouboe Werge (Rodríguez, 2018: 67) y, más recientemente, en el asunto C-631/22 (Ca Na Negreta).

En este último caso, el TJUE declara que no puede considerarse justificado el despido si antes no se han adoptado medidas de adaptación razonable. Este modelo de interpretación refuerza la centralidad del ajuste individualizado, lo cual choca con la generalización abstracta de la STS 544/2024, que presupone que la tecnología puede sustituir la prestación de IPA sin análisis caso a caso.

Fuente legal	Obligación clave	Riesgo de vulneración por STS 544/2024
Carta Social Europea Rev. art. 15	Derecho a integración laboral efectiva	Alta: automatismo y regresión
CDPD art. 27	Prohibición de exclusión sin ajuste	Muy alta: no se valoran ajustes
Directiva 2000/78/CE art. 5	Ajuste razonable como obligación legal	Alta: se presume adaptación sin prueba

Ilustración 1. Síntesis comparativa. Fuente: Elaboración propia.

La doctrina de la STS 544/2024, en el supuesto de eliminar la prestación por IPA bajo la presunción de que la IA puede facilitar el trabajo, entra en colisión directa con el marco jurídico internacional. Esta incompatibilidad no solo justifica una reinterpretación conforme del art. 198.2 LGSS, sino que habilita la posible intervención del Comité Europeo de Derechos Sociales o una cuestión prejudicial ante el TJUE si se consolida esta línea regresiva.

Utiliza el argumento del "potencial tecnológico" como una razón para denegar el derecho a pensión, sin considerar:

- Si la tecnología evaluada es efectiva en el contexto concreto del solicitante.

- Si está disponible o económicamente accesible.

- Si ha sido objeto de validación clínica o funcional.

Este tipo de uso de la tecnología puede derivar en lo que se ha denominado "discriminación algorítmica estructural" —una exclusión basada no en la condición real de la persona, sino en modelos generales que no tienen en cuenta la singularidad de cada caso.

Finalmente, estudios como los de Kruse et. al (2024: 300-310) que encuentran que la tecnología tiene efectos positivos en inclusión solo cuando va acompañada de formación, apoyo organizacional y entorno accesible; Marinaci et al. (2023: 8) que subrayan que la percepción de accesibilidad de la tecnología depende más del contexto que del dispositivo en sí, o los de Rahmatika et al. (2022) que destacan que los países con menor regulación muestran mayores tasas de frustración y abandono en el uso de AT por parte de personas con discapacidad, apuntan a una conclusión clara: la tecnología puede facilitar la inclusión, pero no sustituye la protección social. No basta con suponer que existen herramientas capaces de suplir la pérdida de capacidad laboral: debe garantizarse que su uso sea adecuado, acompañado y regulado.

Por lo tanto, la automatización de decisiones en materia de incapacidad, sin controles técnicos, jurídicos y humanos, pone en riesgo derechos fundamentales. En el caso de la STS 544/2024, la omisión de una evaluación individualizada y la presunción general sobre las capacidades que ofrece la IA implican una forma de exclusión sistémica que puede ser calificada como discriminación estructural indirecta.

4. PROPUESTA DE REFORMA NORMATIVA Y DE INTERPRETACIÓN CONFORME

Frente a los riesgos detectados en la doctrina de la STS 544/2024, es necesario articular alternativas jurídicas que garanticen el equilibrio entre el uso de la tecnología y los derechos de las personas con discapacidad. Se propone una reinterpretación del artículo 198.2 LGSS, la incorporación normativa del ajuste tecnológico razonable, y vías jurídicas nacionales e internacionales para garantizar una respuesta eficaz y conforme con el Derecho.

     Rafael Díaz Moya

4.1. REVISIÓN DEL ARTÍCULO 198.2 LGSS EN CLAVE CONSTITUCIONAL

La actual redacción del art. 198.2 LGSS establece una regla de incompatibilidad absoluta entre la pensión por IPA/GI y cualquier actividad laboral. No obstante, su aplicación literal entra en conflicto con:

- El artículo 14 CE (igualdad ante la ley),
- El artículo 35 CE (derecho al trabajo),
- El artículo 49 CE (protección de las personas con discapacidad),
- El artículo 10.2 CE, que impone la lectura de los derechos conforme a los tratados internacionales ratificados por España.

La interpretación del art. 198.2 LGSS con un enfoque pro-persona permite que se evalúe caso por caso si la actividad laboral es compatible con el estado de salud, accesible y segura gracias a tecnologías adecuadas y compatible con la dignidad de la persona trabajadora. No se trata de volver a la compatibilidad general, sino de restaurar la evaluación individual y las garantías constitucionales.

España carece de una figura legal que regule de forma específica el concepto de "ajuste tecnológico razonable". A diferencia de otros países europeos como Alemania o Finlandia, donde las oficinas de inclusión laboral deben verificar técnicamente la viabilidad de adaptar el puesto, el sistema español carece de requisitos técnicos mínimos para las tecnologías utilizadas, de protocolos de evaluación pericial externa, y de garantías de supervisión en caso de denegación de pensiones.

Por lo tanto, es necesaria la inclusión de este concepto en el art. 4 de la LGSS o en el art. 49 ET en el entendimiento de la modificación o adaptación técnica de un entorno de trabajo que permita a una persona con discapacidad realizar una actividad laboral, sin que ello suponga una carga desproporcionada y con base en estándares verificables de accesibilidad, seguridad y eficacia, Esta disposición debería incluir la obligación de peritaje especializado y el derecho a impugnar la valoración si no es adecuada.

Ante la eventual consolidación de la doctrina de la STS 544/2024, pueden activarse tres vías jurídicas complementarias:

1. Cuestión prejudicial ante el TJUE: cualquier juzgado de lo social podría plantearla en base a la duda razonable sobre la compatibi-

lidad entre el art. 198.2 LGSS y el art. 5 de la Directiva 2000/78/CE.

2. Cuestión de inconstitucionalidad ante el Tribunal Constitucional: si el órgano judicial considera que el precepto, interpretado de forma restrictiva, vulnera los artículos 14, 35 o 49 CE.

3. Reclamación colectiva ante el Comité Europeo de Derechos Sociales: por violación del artículo 15 de la Carta Social Europea Revisada, en caso de que se acredite que la reforma está provocando una exclusión sistemática de personas con discapacidad.

Finalmente, el derecho social no puede ser sustituido por promesas tecnológicas genéricas. Solo una regulación clara, garantista y centrada en la persona puede asegurar que la innovación respalde la equidad y no se convierta en coartada para la regresión.

5. CONCLUSIONES

La STS 544/2024, dictada por el Pleno de la Sala de lo Social del Tribunal Supremo, constituye un punto de inflexión de gran calado en la interpretación del artículo 198.2 de la Ley General de la Seguridad Social. El pronunciamiento niega de forma categórica cualquier posibilidad de compatibilidad entre la percepción de una pensión por IPA/GI y el desempeño de actividad laboral, basándose, entre otros factores, en la existencia de nuevas tecnologías —incluyendo herramientas de inteligencia artificial— que permitirían a las personas realizar trabajos a pesar de sus limitaciones físicas o cognitivas.

Este planteamiento, sin embargo, supone una ruptura con la tradición jurídica garantista consolidada por décadas de jurisprudencia del propio TS, así como con las directrices normativas europeas e internacionales ratificadas por España. En particular, entra en abierta contradicción con:

- La Directiva 2000/78/CE, en especial su artículo 5, que impone el deber de adoptar ajustes razonables para garantizar la inclusión.

- La Convención de Naciones Unidas sobre los Derechos de las Personas con Discapacidad, que refuerza el derecho al trabajo en condiciones de igualdad y dignidad.

- El artículo 15 de la Carta Social Europea Revisada, que protege la integración social y laboral efectiva de las personas con discapacidad.

- Los principios constitucionales españoles (artículos 14, 35 y 49 CE), que exigen una protección activa, inclusiva y no regresiva.

La sentencia transforma la tecnología en un argumento legitimador de regresión: no se exige probar su accesibilidad, su aplicabilidad ni su eficacia para el caso concreto. En lugar de promover la inclusión, presume la capacidad laboral del afectado sobre la base de tecnologías hipotéticas o no validadas, y al hacerlo despoja al derecho a la pensión de su función protectora originaria. Además, produce un efecto expansivo.

Las consecuencias de esta doctrina producen la vulneración de derechos fundamentales a través de una interpretación expansiva del art. 198.2 LGSS; un riesgo de automatización de decisiones administrativas del INSS sin evaluación individualizada; discriminación indirecta por discapacidad, al sustituirse el principio de ajuste razonable por un criterio abstracto de "capacidad tecnológica"; posible inconstitucionalidad y vulneración del derecho europeo, abriendo paso a futuras cuestiones prejudiciales ante el TJUE o reclamaciones ante el Comité Europeo de Derechos Sociales.

En consecuencia, urge una triple acción: una reinterpretación constitucional y conforme con el Derecho de la UE del artículo 198.2 LGSS, una reforma legal del sistema de valoración de incapacidad, con inclusión del concepto de ajuste tecnológico razonable como obligación evaluable y justiciable, y la fiscalización judicial del uso de la tecnología en todos los procedimientos laborales, para evitar que se convierta en un instrumento de exclusión sin garantías. La tecnología debe ser un puente hacia la inclusión, no una excusa para desmantelar derechos. Solo una regulación garantista, técnicamente fundamentada y centrada en la persona puede lograr que la innovación fortalezca, y no debilite, el sistema de protección social.

BIBLIOGRAFÍA

El Derecho.com (2025) "¿Debe informar la empresa a los sindicatos sobre uso de algoritmos o sistemas de IA?" p. 1. Disponible en https://elderecho.com/debe-informar-la-empresa-a-los-sindicatos-sobre-uso-de-algoritmos-o-sistemas-de-ia

Iberley (2025) "La Audiencia Nacional avala la cláusula sobre el uso de inteligencia artificial en el convenio estatal de la industria audiovisual", p. 1. Disponible en https://www.iberley.es/noticias/el-ts-reitera-ilegalidad-registro-horario-horas-extras-supeditado-una-autorizacion-superior-34077 09/09/2025

Kruse, D. et al. (2024) "Assistive Technology's Potential to Improve Employment of People with Disabilities." *Journal of Occupational Rehabilitation*, 34, pp. 299–315. Disponible en: https://doi.org/10.1007/s10926-023-10164-w 02/09/2025

Marinaci, T. et al. (2023) "An Inclusive Workplace Approach to Disability through Assistive Technologies." *Societies*, 13(11), Artículo 231, pp. 1–14. Disponible en: https://doi.org/10.3390/soc13110231 10/07/2025

Roqueta, Remedios (2001) "El régimen de compatibilidades e incompatibilidades de las prestaciones por incapacidad permanente", *Revista del Ministerio de Trabajo y Asuntos Sociales: Revista del Ministerio de Trabajo e Inmigración*, núm. 29, (Ejemplar dedicado a: Seguridad Social)

Rodríguez Díaz, Begoña (2018) "El impacto de la cdpd en el ordenamiento de la ue a través de la jurisprudencia del tjue: balance y perspectivas de futuro", en *Anales de derecho y discapacidad* Nº 3, junio 2018, Año III, p. 67.

SUBDIRECCIÓN GENERAL DE ORDENACIÓN Y ASISTENCIA JURÍDICA. SGOAG (2024) "Incompatibilidad de las pensiones de incapacidad permanente absoluta con trabajos que determinen la inclusión en el sistema de la Seguridad Social".

Rahmatika, R. A. et al. (2022) "Does the Provision of Assistive Technology Increase Disability Employment?" *Indonesian Journal of Disability Studies*, 9(2), pp. 107–117. Disponible en: https://doi.org/10.21776/ub.ijds.2022.009.02.04 17/08/2025

Goodman, B. & Flaxman, S. (2016) "European Union regulations on algorithmic decision-making and a 'right to explanation'." *arXiv preprint*, arXiv:1606.08813. Disponible en: https://arxiv.org/abs/1606.0881314/07/2025

Aytekin, A. B. (2022) "Algorithmic Bias in the Context of EU Anti-Discrimination Directives." *CEUR Workshop Proceedings*, Vol. 3298.

NORMATIVA

Artículo 198.2 LGSS (Real Decreto Legislativo 8/2015) Disponible en: https://www.boe.es/buscar/act.php?id=-BOE-A-2015-11724 10/08/2025

Carta Social Europea Revisada Disponible en: https://rm.coe.int/168007cf93 01/09/2025

CDPD - Convención sobre los Derechos de las Personas con Discapacidad Naciones Unidas (ratificada por España en 2008). Enlace oficial (BOE): Disponible en: https://www.boe.es/boe/dias/2008/04/21/pdfs/A20648-20659.pdf 02/06/2025 28/08/2025

Diario Oficial de la Unión Europea (2010), Carta de los Derechos Fundamentales de la Unión Europea. Disponible en: https://www.boe.es/doue/2010/083/Z00389-00403.pdf 02/09/2025

Directiva 2000/78/CE Disponible en: https://eur-lex.europa.eu/legal-content/ES/TXT/?uri=CELEX:32000L0078 14/08/2025

JURISPRUDENCIA CITADA

Sentencia AN 4-7-25, EDJ 2025/630844. Disponible en: https://elderecho.com/debe-informar-la-empresa-a-los-sindicatos-sobre-uso-de-algoritmos-o-sistemas-de-ia

STSJ Cantabria 231/2025, 7 de Abril de 2025. Disponible en: https://www.iberley.es/jurisprudencia/sentencia-social-tribunal-superior-justicia-sala-lo-social-7-4-25-48687881

STJUE C-631/22, "Ca Na Negreta", de 18 de enero de 2024 Tribunal de Justicia de la Unión Europea, Gran Sala. Disponible en: https://eur-lex.europa.eu/legal-content/ES/TXT/?uri=CE-LEX%3A62022CJ0631 01/06/2025.

STS 2924/2020 de25 de septiembre, Pleno, N° de Recurso: 4746/2019 Disponible en: https://www.poderjudicial.es/search/openDocument/05986cd385feff03

STS 544/2024, de 11 de abril Sala de lo Social, Pleno. Recurso núm. 197/2023. Disponible en: https://vlex.es/vid/1033524412 01/08/2025

STS 1231/2024, 12 de Noviembre de 2024. Rec. 281/2022. Ecli : ES:TS:2024:5484 Disponible en: https://www.iberley.es/jurisprudencia/sentencia-social-tribunal-supremo-sala-lo-social-12-11-24-48623088

CAPÍTULO NOVENO.

EL REGLAMENTO DE IA DE LA UE:
UNA SALVAGUARDA ÉTICO-NORMATIVA DE LOS
DERECHOS HUMANOS FRENTE A LA BANALIDAD
DEL MAL Y LA SINGULARIDAD TECNOLÓGICA

EL REGLAMENTO DE IA DE LA UE: UNA SALVAGUARDA ÉTICO-NORMATIVA DE LOS DERECHOS HUMANOS FRENTE A LA BANALIDAD DEL MAL Y LA SINGULARIDAD TECNOLÓGICA

Pablo Sáez Hurtado
Doctorando en Derecho Internacional Privado y Filosofía del Derecho (Facultad de Derecho de la Universidad de Valladolid)

> *«Los hombres normales no saben que ya todo es posible»*,
> David **Rousset**

Sumario: 1. Introducción. 2. 2. El Marco Ético-Normativo Europeo de Gobernanza de la Inteligencia Artificial. 3. la contrarreloj internacional por la singularidad tecnológica y sus riesgos inherentes. 4. Implicaciones para los Derechos Humanos en un Contexto Digital Acelerado. 5. Europa como dique de contención: un liderazgo ético para un futuro incierto. 6. Conclusión. Bibliografía.

1. INTRODUCCIÓN

La humanidad se encuentra en el umbral de una transformación de consecuencias aún incalculables, impulsada por el desarrollo vertiginoso de la Inteligencia Artificial (IA). Asistimos a una competición global sin precedentes, una «contrarreloj frenética e irresponsable» (Sáez Hurtado, 2025) cuyo horizonte parece ser la consecución de la denominada «singularidad tecnológica». Este concepto, popularizado por autores como Ray Kurzweil, postula un punto de inflexión hipotético en el que la inteligencia artificial no solo igualaría, sino que superaría de forma exponencial la capacidad cognitiva humana, desencadenando un ciclo de automejora incontrolable con un potencial disruptivo absoluto (Kurzweil, 2005). La carrera hacia este hito, protagonizada principalmente por Estados Unidos y China, se caracteriza por una lógica de suma cero, donde los imperativos geopolíticos y corporativos a menudo eclipsan una reflexión profunda sobre los riesgos existenciales y las implicaciones éticas para la propia esencia de la condición humana (Ng, 2025).

En este escenario de competencia exacerbada, emerge una preocupante analogía con el concepto de la «banalidad del mal», acuñado por Hannah Arendt en su análisis del juicio a Adolf Eichmann. Arendt (1963) describió cómo personas ordinarias pueden cometer actos atroces, no por una maldad intrínseca, sino por una sumisión acrítica a la autoridad y una alarmante «irreflexión» (thoughtlessness). Trasladado a la era digital, este concepto nos advierte sobre la peligrosa normalización de sistemas algorítmicos intrínsecamente perniciosos, cuya operación, ofuscada por la complejidad técnica y la delegación de la responsabilidad, puede generar daños sistémicos a gran escala sin una intencionalidad maliciosa aparente. La automatización de la toma de decisiones, desde la concesión de un crédito hasta la identificación de un sospechoso, corre el riesgo de convertir la discriminación y la vulneración de derechos en un subproducto banal de la eficiencia algorítmica (Kaspersen & Leins, 2023).

Frente a esta deriva tecnocrática, la Unión Europea ha articulado una propuesta de «gobernanza ético-normativa» que se erige como un paradigma alternativo. A través de instrumentos pioneros como el Reglamento de Inteligencia Artificial (en adelante, Ley de IA), la UE no busca frenar la innovación, sino encauzarla dentro de un marco robusto que garantice la primacía de los derechos fundamentales, la democracia y el Estado de Derecho. Este enfoque, explícitamente antropocéntrico y basado en el principio de precaución, establece una jerarquía de riesgos y una serie de obligaciones estrictas para los sistemas de IA considerados de alto impacto, buscando construir una «IA Fiable» (Trustworthy AI) que sea legal, ética y robusta (Comisión Europea, 2024).

La tesis central de este trabajo sostiene que esta postura europea, a pesar de los desafíos que enfrenta en términos de competitividad y agilidad, constituye la única y, potencialmente, la última salvaguarda con vocación universalizable para la preservación de la condición humana y la integridad del corpus de derechos humanos ante la inminente disrupción tecnológica. Se argumenta que, al priorizar los valores democráticos sobre la mera capacidad tecnológica, el modelo europeo proporciona un indispensable «dique de contención» frente a la banalidad del mal automatizado. En el desafío definitorio del siglo XXI, Europa asume así un rol de liderazgo ético, ofreciendo a la comunidad internacional una vía para reconciliar el innegable avance tecnológico con la irrenunciable preservación de la dignidad humana.

Este artículo se estructura en seis secciones. Tras esta introducción, la sección segunda analiza en profundidad el marco ético-normativo europeo de gobernanza de la IA, examinando la arquitectura de la Ley de IA, sus principios rectores y las críticas que ha recibido desde perspectivas académicas y prácticas. La tercera sección explora la dinámica de la carrera internacional por la singularidad tecnológica, analizando las estrategias de Estados Unidos y China, y profundizando en el concepto de la banalidad del mal aplicado a los sistemas de IA. La cuarta sección examina las implicaciones concretas de la IA para los derechos humanos fundamentales, ilustrando con casos reales cómo la tecnología puede erosionar la privacidad, perpetuar la discriminación y vulnerar la dignidad. La quinta sección argumenta el rol de Europa como dique de contención, presentando una comparación sistemática de los diferentes enfoques regulatorios y proponiendo vías para una cooperación global. Finalmente, la conclusión sintetiza los hallazgos y reflexiona sobre el imperativo ético de anteponer la dignidad humana a la carrera tecnológica.

2. EL MARCO ÉTICO-NORMATIVO EUROPEO DE GOBERNANZA DE LA INTELIGENCIA ARTIFICIAL

La Unión Europea, consciente de los profundos desafíos que la inteligencia artificial plantea al tejido social y a los derechos fundamentales, ha optado por una estrategia regulatoria proactiva, distanciándose del enfoque de laissez-faire de Estados Unidos y del control estatal de China. Esta estrategia se materializa en un marco ético-normativo cuyo objetivo no es inhibir la innovación, sino orientarla hacia un desarrollo tecnológico centrado en el ser humano. La piedra angular de este marco es el «Reglamento de Inteligencia Artificial», conocido como Ley de IA, que entró en vigor en agosto de 2024 y establece un estándar global para la regulación de esta tecnología (Comisión Europea, 2024).

El núcleo de la Ley de IA es un «enfoque basado en el riesgo», que clasifica los sistemas de IA en cuatro categorías según su potencial para causar daño. En el nivel más alto, se encuentran los sistemas de «riesgo inaceptable», que son aquellos que representan una clara amenaza para la seguridad, los medios de subsistencia y los derechos de las personas. Estos sistemas están explícitamente prohibidos. La lista incluye prácticas como la puntuación social por parte de los gobiernos, la manipulación subliminal del comportamiento que pueda causar daños físicos o psicológicos, y la explotación de las vulnerabilidades de grupos específicos. De manera crucial, y con implicaciones directas para los derechos humanos, se prohíbe el uso de sistemas de identificación biométrica remota en tiempo real en espacios de acceso público con fines policiales, salvo contadas excepciones estrictamente necesarias y reguladas (Comisión Europea, 2024).

La segunda categoría corresponde a los sistemas de «alto riesgo», que, si bien no están prohibidos, están sujetos a un estricto conjunto de obligaciones legales antes de que puedan ser introducidos en el mercado. Esta categoría abarca un amplio espectro de aplicaciones críticas, como los componentes de seguridad en infraestructuras (transporte), los sistemas utilizados en la educación para evaluar a los estudiantes, las herramientas para la contratación y gestión de trabajadores, el acceso a servicios esenciales como los créditos bancarios, y los sistemas utilizados en la administración de justicia y los procesos democráticos. Para estos sistemas, la Ley de IA exige, entre otros, la implementación de sistemas de evaluación y mitigación de riesgos, el uso de conjuntos de datos de alta calidad para minimizar sesgos y resultados discriminatorios, un registro de actividad que garantice la trazabilidad de los resultados, y, de forma fundamental, una «supervisión humana» adecuada y efectiva (Comisión Europea, 2024).

Una innovación importante de la Ley de IA es la regulación específica de los «modelos de IA de propósito general» (GPAI, por sus siglas en inglés), como GPT-4 o Claude. Estos modelos, que pueden ser adaptados para múltiples tareas, plantean desafíos regulatorios únicos debido a su versatilidad y a la dificultad de prever todos sus posibles usos. La ley establece obligaciones de transparencia para los proveedores de GPAI, incluyendo la documentación técnica, la información sobre el contenido utilizado para el entrenamiento (crucial para el respeto de los derechos de autor) y el cumplimiento de la legislación de la UE sobre derechos de autor. Para los modelos GPAI que presenten un «riesgo sistémico» (aquellos con capacidades que podrían tener un impacto significativo en la seguridad pública o los derechos fundamentales), se imponen obligaciones adicionales, como la evaluación de riesgos sistémicos, la implementación de medidas de mitigación y la notificación de incidentes graves. Esta regulación de los GPAI es un reconocimiento explícito de que el poder de la IA reside

    Pablo Sáez de Hurtado

cada vez más en estos modelos fundacionales, y que su gobernanza es esencial para prevenir daños a gran escala.

Este riguroso marco se complementa con el concepto de «IA Fiable» (Trustworthy AI), que se basa en siete requisitos clave que los sistemas de IA deben cumplir: intervención y supervisión humanas; robustez técnica y seguridad; privacidad y gobernanza de los datos; transparencia; diversidad, no discriminación y equidad; bienestar social y medioambiental; y rendición de cuentas. Estos principios, a su vez, se sustentan en el «principio de precaución», un pilar fundamental del derecho europeo que dicta que, ante la incertidumbre científica sobre un riesgo potencial, se deben tomar medidas para prevenir el daño antes de que este se materialice.

La ambición del modelo europeo trasciende sus propias fronteras. A través de lo que Anu Bradford (2020) ha denominado el «efecto Bruselas», la UE aspira a que su estricta regulación se convierta en un estándar global de facto. Las empresas multinacionales, para poder operar en el lucrativo mercado único europeo, a menudo encuentran más sencillo y económico adoptar las normativas de la UE en todas sus operaciones globales en lugar de mantener diferentes estándares de producción. De este modo, la Ley de IA no solo protege a los ciudadanos europeos, sino que también ejerce una presión regulatoria al alza en todo el mundo, promoviendo una gobernanza de la IA más ética y responsable a escala planetaria. La postura europea, por tanto, no es solo una medida defensiva, sino una propuesta con vocación universalizable para modelar el futuro digital de la tecnología de acuerdo con los valores democráticos y los derechos humanos.

No obstante, este enfoque pionero no está exento de críticas y desafíos. Análisis académicos como el de Oleksandr Svitych (2025) plantean una crítica fundamental al discurso de la «transparencia» en la Ley de IA. Svitych argumenta que, bajo una apariencia de apertura, la ley en realidad promueve una noción de transparencia favorable al mercado que «prioriza los intereses de la industria y las grandes tecnológicas sobre las preocupaciones de derechos humanos». Según este análisis, el marco de transparencia de la ley sirve a una doble función ideológica: legitima la política regulatoria de la UE mientras refuerza las relaciones de poder existentes, permitiendo un enfoque tecnocrático que, en última instancia, puede socavar los valores fundamentales que pretende proteger. La transparencia, en esta visión crítica, se convierte en un velo que simplifica en exceso las complejas tensiones éticas y normativas, favoreciendo a los proveedores de IA y a los expertos técnicos en detrimento de una participación pública más amplia y significativa (Svitych, 2025).

Además de las críticas conceptuales, la implementación práctica de la Ley de IA presenta obstáculos formidables. Un estudio del MIT Sloan Management Review destaca que el cronograma para el cumplimiento es «agresivo» (Renieris, Kiron, & Mills, 2024). El calendario de implementación es escalonado: en febrero de 2025 entraron en vigor las prohibiciones de sistemas de IA de riesgo inaceptable y los requisitos de alfabetización en IA; en agosto de 2025, las obligaciones para los modelos de IA de propósito general; y en agosto de 2026, los requisitos completos para los sistemas de alto riesgo. Con fases que entran en vigor en plazos de seis a veinticuatro meses, muchas organizaciones, tanto grandes como pequeñas, lucharán por adaptarse a tiempo. La complejidad de interpretar conceptos legales novedosos y traducirlos en características de ingeniería procesables requiere una experiencia altamente especializada que escasea. Como señalan los expertos, existe una brecha significativa entre la ambición de la ley y la capacidad real de las organizaciones para implementar sus requisitos, especialmente en lo que respecta a la calidad de los datos, las auditorías algorítmicas y el monitoreo continuo. Esta brecha crea el riesgo de un cumplimiento meramente formal, donde las empresas marquen las casillas regulatorias sin abordar genuinamente los riesgos subyacentes, un fenómeno que podría agravar la «banalidad del mal» al crear una falsa sensación de seguridad y diluyendo la responsabilidad efectiva.

Un aspecto particularmente problemático es la escasez de autoridades reguladoras designadas. Según informes de agosto de 2025, diecinueve Estados miembros de la UE aún no habían anunciado sus reguladores nacionales para la IA, a pesar de haber pasado la fecha límite. Esta fragmentación administrativa amenaza con crear un mosaico de interpretaciones y niveles de aplicación dispares, debilitando la coherencia del marco regulatorio europeo y potencialmente facilitando el «forum shopping» por parte de las empresas que busquen las jurisdicciones menos exigentes. La gobernanza multiactor que se propone como solución, si bien puede aportar flexibilidad, también introduce complejidad y riesgos de captura regulatoria por parte de los actores con mayor capacidad de influencia.

La cuestión de la aplicación extraterritorial de la Ley de IA también plantea interrogantes complejos. Si bien el efecto Bruselas sugiere que las empresas globales adoptarán los estándares europeos, exis-

    Pablo Sáez de Hurtado

te el riesgo de que algunas corporaciones opten por estrategias de cumplimiento mínimo o incluso por la salida del mercado europeo si consideran que los costes regulatorios son prohibitivos. Esto podría generar una paradoja donde la regulación más estricta del mundo termine por reducir la disponibilidad de ciertas tecnologías de IA en Europa, potencialmente perjudicando la competitividad europea en sectores clave como la sanidad, la educación o la investigación científica. Por otro lado, la experiencia con el RGPD (Reglamento General de Protección de Datos) sugiere que, a pesar de las quejas iniciales sobre los costes de cumplimiento, la regulación europea puede convertirse en un estándar de facto global, especialmente cuando los consumidores y las sociedades valoran cada vez más la protección de sus derechos.

Otro desafío fundamental es la necesidad de equilibrar la innovación con la precaución. La Ley de IA se basa en el principio de precaución, que dicta que, ante la incertidumbre científica sobre un riesgo potencial, se deben tomar medidas para prevenir el daño antes de que este se materialice. Sin embargo, este principio puede entrar en tensión con la necesidad de fomentar la experimentación y la innovación, especialmente en un campo tan dinámico como la IA. Los críticos argumentan que una regulación excesivamente cautelosa podría sofocar la innovación europea, dejando a Europa rezagada frente a competidores menos regulados. No obstante, los defensores del enfoque europeo sostienen que la innovación responsable y sostenible a largo plazo requiere precisamente este tipo de marco ético, que evita los daños sociales que podrían generar un rechazo público masivo a la IA y, en última instancia, frenar su adopción. La experiencia histórica con tecnologías como la energía nuclear o los organismos genéticamente modificados demuestra que la falta de una gobernanza adecuada puede provocar crisis de confianza pública que retrasen el desarrollo tecnológico durante décadas.

3. LA CONTRARRELOJ INTERNACIONAL POR LA SINGULARIDAD TECNOLÓGICA Y SUS RIESGOS INHERENTES

Mientras Europa construye su andamiaje regulatorio, una frenética carrera tecnológica se acelera en el escenario global, con Estados Unidos y China como principales contendientes. Esta competición no es meramente económica, sino profundamente geopolítica, y su objetivo último, aunque a menudo implícito, parece ser la consecución de una ventaja estratégica decisiva a través del dominio de la Inteligencia Artificial General (IAG) y, eventualmente, la singularidad tecnológica. Sin embargo, esta carrera está marcada por una lógica instrumentalista que, en su búsqueda de la supremacía, genera riesgos profundos y sistémicos para la estabilidad global y la condición humana.

La dinámica de esta competencia es asimétrica. Estados Unidos, a pesar de mantener una ventaja histórica en investigación fundamental y contar con un ecosistema de capital riesgo inigualable, corre el riesgo de ceder terreno debido a lo que el experto en IA Andrew Ng ha calificado como «errores autoinfligidos» (Ng, 2025). Políticas migratorias restrictivas que dificultan la captación de talento global, junto con una preocupante disminución en la financiación pública para la investigación a largo plazo, amenazan con socavar el ecosistema de innovación que ha sido la base de su liderazgo. En contraste, China avanza de manera estratégica y centralizada, impulsada por un dinámico entorno de código abierto, una agresiva política industrial en semiconductores (a pesar de las restricciones externas) y programas gubernamentales masivos como el «Programa Mil Talentos», diseñado para atraer a los mejores investigadores del mundo (Ng, 2025). Esta divergencia de trayectorias alimenta una espiral competitiva donde la velocidad prima sobre la precaución, y el desarrollo responsable es a menudo percibido como un lastre para la competitividad.

Es en este contexto de desarrollo tecnológico irreflexivo donde el concepto de la ««banalidad del mal»» de Hannah Arendt adquiere una relevancia escalofriante. Arendt (1963) observó que el mal puede manifestarse no a través de una monstruosidad sádica, sino de la simple y llana «irreflexión»: la incapacidad o la negativa a pensar críticamente sobre las consecuencias de las propias acciones cuando se está inmerso en un sistema burocrático o se obedece una lógica instrumental. En la carrera por la IA, esta lógica es la del progreso tecnológico a toda costa. Los ingenieros, las corporaciones y los Estados pueden verse reducidos a meros engranajes de una maquinaria que avanza inexorablemente, optimizando algoritmos y aumentando la capacidad de procesamiento sin detenerse a considerar plenamente el impacto social o ético de sus creaciones. Como advierten Kaspersen y Leins (2023), la externalización de la toma de decisiones a sistemas automatizados y la ofuscación de la responsabilidad en complejas cadenas de desarrollo pueden «automatizar la banalidad del mal», normalizando daños que van desde la discriminación algorítmica hasta la manipulación del comportamiento a gran escala.

Esta normalización del daño se vuelve particularmente peligrosa cuando se consideran los «riesgos existenciales» asociados a la singularidad tecnológica. El filósofo David Chalmers (2010), analizando el argumento original del estadístico I.J. Good, desglosa la lógica de la «explosión de inteligencia». La idea central es que una máquina que es más inteligente que los humanos será, por definición, mejor que los humanos en el diseño de máquinas. Por lo tanto, será capaz de diseñar una máquina más inteligente que la que los humanos más inteligentes pueden diseñar. Esta siguiente máquina será, a su vez, aún más inteligente, y capaz de diseñar una máquina aún mejor. Este proceso de automejora recursiva podría, en teoría, conducir a una «explosión» en la inteligencia, dejando la inteligencia humana muy atrás en un corto período de tiempo. Chalmers sostiene que, si bien cada paso de esta cadena es plausible, la conclusión no es inevitable, ya que podría haber rendimientos decrecientes en la mejora de la inteligencia o límites físicos al crecimiento. Sin embargo, reconoce que el argumento es lo suficientemente sólido como para ser tomado en serio como un desafío filosófico y práctico fundamental (Chalmers, 2010).

Las críticas a las visiones más optimistas de la singularidad, como las de Ray Kurzweil, a menudo señalan su excesivo determinismo tecnológico y la subestimación de la complejidad del mundo real. Los críticos argumentan que Kurzweil puede ser demasiado optimista, especialmente en lo que respecta a los plazos, y que ignora los inmensos desafíos de hardware, software y comprensión fundamental de la propia inteligencia que aún persisten. No obstante, incluso si una singularidad al estilo de Kurzweil no es inminente, la búsqueda de la misma ya está generando tecnologías de un poder inmenso. Filósofos como Nick Bostrom (2014) han advertido seriamente sobre los peligros de una «superinteligencia», un intelecto que supera ampliamente el rendimiento cognitivo de los humanos en prácticamente todos los dominios de interés. El «problema del alineamiento de valores» se vuelve central: ¿cómo podemos asegurar que los objetivos de una superinteligencia, que podría desarrollar de forma autónoma, sean compatibles con la supervivencia y el florecimiento de la humanidad? Un error en este alineamiento podría tener consecuencias catastróficas. Los riesgos no son solo una cuestión de ciencia ficción a largo plazo; se manifiestan en el presente a través del desarrollo de armas autónomas letales (LAWS), capaces de tomar decisiones de vida o muerte sin intervención humana, o la creación de sistemas de desinformación masiva que pueden erosionar la cohesión social y desestabilizar los procesos democráticos. La carrera por la IA, desprovista de un marco ético robusto y universalmente aceptado, es una carrera hacia un futuro de una fragilidad sin precedentes, donde la propia autonomía y supervivencia de la humanidad podrían quedar supeditadas a la lógica inescrutable de una superinteligencia artificial.

La dimensión geoeconómica de esta carrera es igualmente preocupante. La concentración del poder de la IA en manos de unas pocas corporaciones tecnológicas gigantes y Estados hegemónicos crea un riesgo de monopolización del conocimiento y de profundización de las desigualdades globales. Los países que no puedan competir en esta carrera se arriesgan a convertirse en meros consumidores pasivos de tecnologías desarrolladas en otros lugares, con las implicaciones que ello tiene para su soberanía tecnológica y su capacidad de autodeterminación. Además, la intensidad energética del entrenamiento de modelos de IA a gran escala plantea serias preocupaciones medioambientales. El consumo de electricidad de los centros de datos dedicados a la IA se ha disparado, contribuyendo al cambio climático y compitiendo por recursos energéticos escasos. Esta dimensión ecológica de la carrera por la IA es a menudo ignorada en el discurso tecno-optimista, pero representa un coste oculto que la humanidad y el planeta deberán pagar.

4. IMPLICACIONES PARA LOS DERECHOS HUMANOS EN UN CONTEXTO DIGITAL ACELERADO

El desarrollo desenfrenado de la inteligencia artificial no es un mero ejercicio tecnológico; sus implicaciones repercuten directamente en el núcleo de los derechos y libertades que sustentan las sociedades democráticas. La capacidad de los sistemas de IA para recopilar, procesar y actuar sobre ingentes cantidades de datos a una velocidad y escala sobrehumanas crea un nuevo paradigma de riesgos para los derechos humanos, desafiando la efectividad de los marcos jurídicos concebidos en una era analógica. La Unión Europea, en su enfoque regulatorio, reconoce explícitamente esta amenaza, anclando su Ley de IA en la protección de los derechos fundamentales consagrados en su Carta y en el Convenio Europeo de Derechos Humanos (CEDH).

Uno de los derechos más directamente amenazados es el «derecho a la privacidad y a la vida familiar», protegido por el Artículo 8 del CEDH. Los sistemas de reconocimiento facial en espacios públicos,

     Pablo Sáez de Hurtado

la monitorización del comportamiento en línea y la recopilación masiva de datos personales para entrenar algoritmos constituyen una injerencia de una magnitud sin precedentes. La prohibición en la Ley de IA del raspado no selectivo de imágenes faciales de internet o de circuitos cerrados de televisión para crear bases de datos es una respuesta directa a esta amenaza, buscando preservar un espacio de anonimato en la vida pública que es esencial para el libre desarrollo de la personalidad (Comisión Europea, 2024). La capacidad de estos sistemas para inferir información sensible, como la orientación sexual, las opiniones políticas o el estado de salud, a partir de datos aparentemente inocuos, crea un riesgo de vigilancia y control social que evoca las distopías más oscuras. La protección de datos, por tanto, deja de ser una cuestión meramente técnica para convertirse en un pilar fundamental de la autonomía individual.

Estrechamente ligado a la privacidad se encuentra el «derecho a la no discriminación» (Artículo 14 del CEDH). Los sistemas algorítmicos, lejos de ser neutrales, han demostrado tener una alarmante capacidad para perpetuar y amplificar los sesgos existentes en la sociedad. Esto se debe a que son entrenados con datos históricos que reflejan prejuicios estructurales. Hemos sido testigos de cómo algoritmos han denegado créditos de forma desproporcionada a minorías, han asignado un mayor riesgo a solicitantes de empleo por su género o han excluido a familias de bajos ingresos del acceso a servicios sociales, como ocurrió en los Países Bajos (Amnistía Internacional, 2023). Estos sistemas, al operar como una «caja negra», dificultan la identificación y la impugnación de la decisión discriminatoria, creando una forma de exclusión opaca y sistémica que socava el principio de igualdad. La Ley de IA intenta mitigar este riesgo exigiendo el uso de «conjuntos de datos de alta calidad» y la realización de evaluaciones de impacto en los derechos fundamentales, pero la dificultad de definir y auditar la «equidad» algorítmica sigue siendo un desafío técnico y conceptual de primer orden.

La «dignidad humana», la «libertad de pensamiento» y la «libertad de expresión» también se ven profundamente afectadas. La microsegmentación de la audiencia y la difusión de desinformación personalizada, como se evidenció en la campaña de odio contra la minoría rohinyá en Myanmar, exacerbada por los algoritmos de Facebook (Amnistía Internacional, 2023), demuestran cómo la IA puede ser utilizada para manipular la opinión pública, polarizar a la sociedad y silenciar voces disidentes. Más insidioso aún es el caso de aplicaciones que, utilizando IA, crean imágenes de desnudos falsos sin consentimiento, como sucedió en Almendralejo (España). Este tipo de violencia digital constituye una grave violación de la dignidad, la intimidad y la imagen de las víctimas, con devastadoras consecuencias psicológicas y sociales (Amnistía Internacional, 2023). Estos «deepfakes» maliciosos no solo dañan a los individuos, sino que también erosionan la confianza en la evidencia visual, con implicaciones potencialmente desestabilizadoras para la justicia y el discurso público.

Otro ámbito de profunda preocupación es el impacto de la IA en el «derecho al trabajo y a condiciones laborales justas». Los sistemas de gestión algorítmica, utilizados cada vez más en plataformas de trabajo digital y en almacenes logísticos, someten a los trabajadores a una vigilancia constante y a una presión de productividad deshumanizadora. Los algoritmos asignan tareas, evalúan el rendimiento y, en algunos casos, toman decisiones de despido sin intervención humana significativa. Esta «gestión por algoritmo» puede generar estrés crónico, lesiones por esfuerzo repetitivo y una sensación de alienación, ya que los trabajadores se sienten reducidos a meros datos en un sistema que no comprenden y sobre el que no tienen control. La opacidad de estos sistemas dificulta que los trabajadores impugnen decisiones injustas, socavando su derecho a un recurso efectivo.

El «derecho a la salud» también se ve afectado. Si bien la IA promete revolucionar el diagnóstico médico y la atención sanitaria, también plantea riesgos. Los algoritmos de triaje médico pueden perpetuar sesgos raciales o socioeconómicos si se entrenan con datos no representativos, llevando a que ciertos grupos reciban una atención de menor calidad. Además, la recopilación masiva de datos de salud para entrenar estos sistemas plantea graves riesgos para la privacidad médica, especialmente si estos datos son compartidos con aseguradoras o empleadores, lo que podría dar lugar a discriminación en el acceso a seguros o empleo.

Estos ejemplos ponen de manifiesto la insuficiencia de los marcos jurídicos tradicionales. ¿Cómo se prueba la causalidad cuando el daño es producto de un sistema algorítmico complejo? ¿Quién es el responsable: el desarrollador, el implementador, el usuario? La Ley de IA de la UE intenta abordar estas cuestiones estableciendo una cadena clara de responsabilidades y exigiendo transparencia y explicabilidad para los sistemas de alto riesgo. Sin embargo, la velocidad del cambio tecnológico es tal que la ley siempre corre el riesgo de ir un paso por detrás de la innovación. Por ello, más que un conjunto de

     Pablo Sáez de Hurtado

reglas estáticas, lo que se necesita es un marco adaptativo y basado en principios, capaz de anticipar los riesgos y de garantizar que la protección de los derechos humanos siga siendo el principio rector en un futuro cada vez más mediado por la inteligencia artificial. La necesidad de una «alfabetización en IA» para jueces, abogados y la sociedad en general se vuelve crucial para que los derechos no se conviertan en una mera declaración de intenciones sin capacidad de aplicación efectiva en el nuevo entorno digital.

5. EUROPA COMO DIQUE DE CONTENCIÓN: UN LIDERAZGO ÉTICO PARA UN FUTURO INCIERTO

Ante el panorama de una carrera tecnológica desenfrenada y los crecientes riesgos para los derechos fundamentales, el modelo de gobernanza de la Unión Europea no debe ser visto simplemente como una regulación regional, sino como una propuesta de liderazgo ético con una necesaria vocación universal. La postura europea representa un esfuerzo consciente por construir un «dique de contención» que subordina la lógica instrumental de la eficiencia y el poder a la primacía incondicional de la dignidad humana y los valores democráticos. Al hacerlo, la UE no solo protege a sus ciudadanos, sino que ofrece al mundo un camino alternativo que demuestra la posibilidad de reconciliar el progreso tecnológico con los principios humanistas.

La principal fortaleza y argumento para la universalización del modelo europeo reside en su «fundamento antropocéntrico». A diferencia de los enfoques de Estados Unidos, impulsado por el mercado, y de China, centrado en el control estatal, el marco de la UE sitúa al individuo y sus derechos en el centro de la ecuación. La Ley de IA, con su detallada clasificación de riesgos y sus estrictas salvaguardas, actúa como un estándar global de facto, obligando a las empresas de todo el mundo a alinear sus tecnologías con los principios europeos si desean acceder a su mercado. Este «efecto Bruselas» (Bradford, 2020) se convierte así en un poderoso mecanismo para exportar la protección de los derechos humanos al ecosistema global de la IA.

Sin embargo, este modelo no está exento de «desafíos y críticas significativas». Una de las objeciones más recurrentes es el potencial «riesgo de pérdida de competitividad e innovación». Se argumenta que una regulación estricta podría ralentizar el desarrollo tecnológico en Europa, dejándola rezagada frente a la agilidad de Estados Unidos y China. Además, la «implementación y supervisión efectiva» de una legislación tan compleja presenta un desafío monumental, que requiere de recursos técnicos y humanos considerables por parte de las autoridades nacionales y europeas. Existe también un riesgo de «fragmentación regulatoria», donde los Estados miembros puedan interpretar y aplicar la ley de manera inconsistente, o donde surjan esfuerzos regulatorios complementarios, como los de la UNESCO o iniciativas nacionales como la de Italia, que, si bien comparten objetivos similares, podrían complicar el panorama normativo global.

Para visualizar estas divergencias, se presenta la siguiente tabla comparativa:

Característica	Unión Europea	Estados Unidos	China
«Enfoque Principal»	Basado en el riesgo y los derechos humanos (antropocéntrico)	Impulsado por el mercado y la innovación (laissez-faire)	Dirigido por el Estado y la estabilidad social (control estatal)
«Instrumento Clave»	Ley de Inteligencia Artificial (Reglamento vinculante)	Órdenes Ejecutivas, directrices del NIST (voluntarias)	Plan de Desarrollo de IA de Nueva Generación, leyes de ciberseguridad
«Regulación»	Horizontal y exhaustiva (top-down)	Sectorial y fragmentada (bottom-up)	Centralizada y orientada al control social
«Principios Clave»	IA Fiable, precaución, transparencia, supervisión humana	Competitividad, innovación, seguridad nacional	Soberanía digital, seguridad nacional, desarrollo económico
«Tratamiento de Riesgos»	Prohibición de riesgos inaceptables, regulación estricta de alto riesgo	Enfoque en la gestión de riesgos, sin prohibiciones explícitas	Foco en riesgos para la estabilidad del Estado y el Partido Comunista
«Influencia Global»	«Efecto Bruselas», establecimiento de estándares de facto	Liderazgo tecnológico y de mercado	«Ruta de la Seda Digital», exportación de tecnología de vigilancia

A pesar de estos desafíos, la propuesta europea sigue siendo la más robusta para afrontar la dimensión ética de la IA. Para fortalecer su rol, es imperativo fomentar una «cooperación global basada en principios éticos compartidos». La UE debe liderar el diálogo en foros

    Pablo Sáez de Hurtado

multilaterales para promover la convergencia regulatoria en torno a los derechos humanos, buscando alianzas con países de ideas afines y colaborando con organizaciones como la UNESCO. La Recomendación de la UNESCO sobre la Ética de la Inteligencia Artificial, adoptada en 2021, proporciona un marco complementario que comparte los valores antropocéntricos de la UE, enfatizando el respeto a la dignidad humana, los derechos humanos y las libertades fundamentales. Esta convergencia de principios ofrece una base sólida para construir un consenso global.

Sin embargo, la cooperación global no puede limitarse a la armonización de normas; debe abordar también las asimetrías de poder y capacidad. Es fundamental establecer mecanismos de «transferencia de tecnología y conocimiento» que permitan a los países en desarrollo participar activamente en la gobernanza de la IA, en lugar de ser meros receptores pasivos de regulaciones diseñadas en el Norte Global. Además, se necesita una «inversión pública significativa en investigación de IA abierta y orientada al bien común», que contrarreste la concentración del conocimiento en manos de unas pocas corporaciones privadas. La creación de «infraestructuras de IA públicas» y de «conjuntos de datos abiertos y de alta calidad» puede democratizar el acceso a la tecnología y fomentar una innovación más inclusiva y alineada con el interés público.

Finalmente, es crucial establecer mecanismos de «rendición de cuentas transnacional» para las corporaciones tecnológicas. Las grandes empresas de IA operan a escala global, pero a menudo escapan a la jurisdicción de los Estados individuales. Se necesitan tratados internacionales y mecanismos de cooperación judicial que permitan responsabilizar a estas empresas por las violaciones de derechos humanos que sus tecnologías puedan causar, independientemente de dónde se produzcan. Solo a través de un frente unido, que combine la regulación estricta con la cooperación solidaria y la rendición de cuentas efectiva, será posible contrarrestar la carrera hacia el abismo y asegurar que la singularidad tecnológica, si llega, no signifique el ocaso de la condición humana.

6. CONCLUSIÓN

El vertiginoso avance hacia una inteligencia artificial cada vez más autónoma y capaz no es una mera cuestión de progreso tecnológico, sino un profundo desafío existencial que interpela los fundamentos mismos de nuestra civilización. La carrera global por la singularidad tecnológica, impulsada por una lógica instrumentalista y una competencia geopolítica irreflexiva, amenaza con desatar fuerzas que podrían erosionar la autonomía individual, exacerbar las desigualdades y, en última instancia, comprometer la primacía de la condición humana. En esta encrucijada histórica, la normalización de sistemas algorítmicos que operan al margen de una consideración ética profunda nos sitúa ante el riesgo de una «banalidad del mal» automatizada, un mal que no surge de la malevolencia, sino de la abdicación del juicio crítico en favor de la eficiencia de la máquina.

Este trabajo ha argumentado que, frente a este escenario de incertidumbre y riesgo, la postura ético-normativa de la Unión Europea, encarnada en su pionera Ley de Inteligencia Artificial, emerge como el dique de contención más sólido y con mayor vocación de universalidad. Al anclar de forma inequívoca el desarrollo de la IA en el respeto irrestricto a los derechos fundamentales, la democracia y el Estado de Derecho, la UE articula una visión alternativa y profundamente humanista. Su enfoque basado en el riesgo, la prohibición de las prácticas más lesivas y la imposición de estrictas salvaguardas para los sistemas de alto impacto constituyen un intento audaz de modelar la tecnología para que sirva a la humanidad, y no a la inversa.

La historia nos enseña que las revoluciones tecnológicas anteriores, desde la Revolución Industrial hasta la era atómica, han traído consigo tanto promesas de progreso como profundas dislocaciones sociales y dilemas éticos. En cada caso, la humanidad ha tenido que aprender, a menudo a través del sufrimiento, a domesticar la tecnología y a subordinarla a valores humanos fundamentales. La diferencia crucial con la IA, y especialmente con la perspectiva de una superinteligencia, es que la ventana de oportunidad para establecer estos controles puede ser mucho más estrecha. Una vez que se cruce el umbral de la singularidad, si es que se cruza, la capacidad de la humanidad para dirigir el curso de los acontecimientos podría verse drásticamente reducida. Por ello, el momento de actuar es ahora, antes de que la inercia de la carrera tecnológica nos lleve a un punto de no retorno.

Si bien el modelo europeo enfrenta desafíos considerables en términos de competitividad y agilidad, su valor reside en su capacidad para establecer un estándar global y para recordarnos que el progreso sin conciencia es un camino hacia la deshumanización. La urgencia ética del momento exige anteponer la dignidad y los derechos humanos a cualquier otra consideración. El desafío de nuestro siglo no es simplemente alcanzar la singularidad tecnológica, sino asegurar que, si llegamos a ella, lo hagamos sin sacrificar el alma de nuestra civilización.

La Ley de IA europea, con todas sus imperfecciones y desafíos de implementación, representa un experimento histórico sin precedentes: el intento de someter el desarrollo de una tecnología potencialmente transformadora a un marco normativo democrático antes de que sea demasiado tarde. Este enfoque contrasta radicalmente con la historia de otras revoluciones tecnológicas, donde la regulación llegó solo después de que los daños ya se habían materializado a gran escala. La pregunta fundamental que enfrenta la humanidad no es si la IA transformará radicalmente nuestra sociedad, sino quién controlará esa transformación y con qué fines. Europa ha apostado por un modelo donde ese control reside en instituciones democráticas, sujetas al escrutinio público y orientadas por los derechos fundamentales, en lugar de dejarlo en manos de corporaciones privadas o de Estados autoritarios.

El rol de Europa, por tanto, trasciende la mera regulación; es un llamado al liderazgo ético, una invitación a la comunidad internacional para pausar la frenética carrera y construir, de forma colaborativa, un futuro digital que sea verdaderamente digno de ser vivido. En un mundo donde la tecnología avanza más rápido que nuestra capacidad colectiva de comprender sus implicaciones, el modelo europeo ofrece un recordatorio esencial: que la velocidad del progreso tecnológico no debe eclipsar la necesidad de reflexión ética, y que la eficiencia algorítmica nunca debe prevalecer sobre la dignidad humana. El futuro de la inteligencia artificial, y con ella el futuro de la humanidad, dependerá de nuestra capacidad colectiva para resistir la tentación de la irreflexividad y para mantener la primacía de los valores humanos fundamentales frente a la lógica implacable de la máquina.

BIBLIOGRAFÍA

Amnistía Internacional (2023) «5 ejemplos de malos usos de la inteligencia artificial que afectan directamente a la gente joven». Disponible en: https://www.es.amnesty.org/en-que-estamos/blog/historia/articulo/5-ejemplos-de-malos-usos-de-la-inteligencia-artificial-que-afectan-directamente-a-gente-joven/ (Consultado: 24-10-2025).

Arendt, Hannah (1963) Eichmann in Jerusalem: A Report on the Banality of Evil. Nueva York: Viking Press.

Bostrom, Nick (2014) Superintelligence: Paths, Dangers, Strategies. Oxford: Oxford University Press.

Bradford, Anu (2020) The Brussels Effect: How the European Union Rules the World. Oxford: Oxford University Press.

Chalmers, David J. (2010) «The Singularity: A Philosophical Analysis». Journal of Consciousness Studies, 17, pp. 7-65.

Comisión Europea (2024) «Ley de IA». Disponible en: https://digital-strategy.ec.europa.eu/es/policies/regulatory-framework-ai (Consultado: 24-10-2025).

Kaspersen, Anja & Leins, Kobi (2023) «Are We Automating the Banality and Radicality of Evil?». Carnegie Council for Ethics in International Affairs. Disponible en: https://carnegiecouncil.org/media/article/automating-the-banality-and-radicality-of-evil (Consultado: 24-10-2025).

Kurzweil, Ray (2005) The Singularity Is Near: When Humans Transcend Biolog. Nueva York: Viking.

Ng, Andrew (2025) «IA: ¿Está China superando a Estados Unidos?». Entrevista en Le Grand Continent. Disponible en: https://legrandcontinent.eu/es/2025/09/10/ia-esta-china-superando-a-estados-unidos/ (Consultado: 24-10-2025).

Renieris, Elizabeth M., Kiron, David, & Mills, Steven (2024) «Organizations Face Challenges in Timely Compliance With the EU AI Act». MIT Sloan Management Review. Disponible en: https://sloanreview.mit.edu/article/organizations-face-challenges-in-timely-compliance-with-the-eu-ai-act/ (Consultado: 24-10-2025).

Sáez Hurtado, Pablo (2025) «Propuesta de ponencia para el III Congreso de la Asociación Jóvenes Investigadoras e Investigadores en Derechos Humanos». Documento no publicado.

Svitych, Oleksandr (2025) "Blind transparency: a critical discourse analysis of the EU AI Act". Critical Policy Studies. Disponible en: https://www.tandfonline.com/doi/full/10.1080/19460 171.2025.2496193 (Consultado: 24-10-2025).